Harald Schnur

Schreiben

Harald Schnur

Schreiben

Eine lebensnahe Anleitung für die Geistes- und Sozialwissenschaften

VS VERLAG FÜR SOZIALWISSENSCHAFTEN

Bibliografische Information der Deutschen Nationalbibliothek
Die Deutsche Nationalbibliothek verzeichnet diese Publikation in der
Deutschen Nationalbibliografie; detaillierte bibliografische Daten sind im Internet
über <http://dnb.d-nb.de> abrufbar.

1. Auflage 2010

Alle Rechte vorbehalten
© VS Verlag für Sozialwissenschaften | GWV Fachverlage GmbH, Wiesbaden 2010

Lektorat: Barbara Emig-Roller

VS Verlag für Sozialwissenschaften ist Teil der Fachverlagsgruppe
Springer Science+Business Media.
www.vs-verlag.de

Das Werk einschließlich aller seiner Teile ist urheberrechtlich geschützt. Jede Verwertung außerhalb der engen Grenzen des Urheberrechtsgesetzes ist ohne Zustimmung des Verlags unzulässig und strafbar. Das gilt insbesondere für Vervielfältigungen, Übersetzungen, Mikroverfilmungen und die Einspeicherung und Verarbeitung in elektronischen Systemen.

Die Wiedergabe von Gebrauchsnamen, Handelsnamen, Warenbezeichnungen usw. in diesem Werk berechtigt auch ohne besondere Kennzeichnung nicht zu der Annahme, dass solche Namen im Sinne der Warenzeichen- und Markenschutz-Gesetzgebung als frei zu betrachten wären und daher von jedermann benutzt werden dürften.

Umschlaggestaltung: KünkelLopka Medienentwicklung, Heidelberg
Satz: Anke Vogel, Ober-Olm
Druck und buchbinderische Verarbeitung: Ten Brink, Meppel
Gedruckt auf säurefreiem und chlorfrei gebleichtem Papier
Printed in the Netherlands

ISBN 978-3-531-17101-2

Inhalt

1	Einführung: Warum Schreiben – und wie?	7
2	Überblick I: Zeit, Ort und Mittel des Schreibens	19
2.1	Die Zeitverwendung organisieren und günstige Rahmenbedingungen für das Schreiben schaffen	19
2.2	Am Computer schreiben	33
3	Überblick II: Die Arbeitsschritte beim Schreiben	37
4	Grundlegung: Wissenschaftliche Texte sind argumentativ aufgebaut	45
5	Der Schreibprozess: Auf dem Weg zum präzisen und klaren Text	51
5.1	Auswerten der Forschungsliteratur	51
5.2	Schreibhilfe Arbeitsgliederung	56
5.3	Erste Fassung: Die Gedanken fixieren	66
5.3.1	Fließtext schreiben	66
5.3.2	Zitieren	72
5.3.3	Typische Eigenschaften von Hauptteil, Schluss und Einleitung	78

5.4 Überarbeiten: Mehrfach optimieren 83
5.4.1 Gehalt und Darstellung gesondert verbessern 83
5.4.2 Inhaltliches Überarbeiten (mit Checklisten) 90
5.4.3 Sprachliches Überarbeiten (mit Checklisten) 95

6 Was tun bei Schreibproblemen? 105

7 Schlusswort 113

8 Literatur 115

8.1 Empfehlungen 115

8.2 Literaturverzeichnis 118

Danksagung 133

1 Einführung: Warum Schreiben – und wie?

In dieser Anleitung finden Sie eine Antwort auf die Frage: „Wie macht man das: Schreiben?" Zu jedem Studien- und Forschungsprojekt gehört, dass die Ergebnisse dargestellt und in den fachlichen Wissensstand eingeordnet werden. Sie lernen in diesem Buch eine Arbeitstechnik kennen, die den Weg vom Ende des Materialsammelns bis zur letzten, reifen Fassung des Textes durch einzelne Schritte (Schreibphasen) strukturiert. „Material" ist ein neutraler Ausdruck für alles, was Sie zu verarbeiten haben und inhaltlich für Ihren Text relevant werden könnte.

Die Anleitung ist kompakt, auf das Wesentliche konzentriert. Maßstab für dieses Wesentliche (was es konkret bedeutet und wie es dargestellt wird) sind die Erfahrungen, die ich als Dozent zahlreicher Seminare zum Schreiben in den Wissenschaften mit den Bedürfnissen der Teilnehmenden machen konnte. Diesen vertrauensvollen Einblicken in persönliche Schreibsituationen hat dieses Buch viel zu verdanken.

Die Schreibfertigkeit verbessern heißt, in die Zukunft investieren

Schreiben ist kein bloß notwendiger, manchmal auch als lästig empfundener Zusatz zum Studieren und Forschen. Gute Texte verfassen zu können ist vielmehr eine substanzielle Fertigkeit in der Wissenschaft, eine Schlüsselqualifikation jedes Studierenden und

Forschenden und von vitaler Bedeutung für den Erfolg (Wolcott 1990, 48). Während des Studiums wird das Fördern und Entwickeln der Schreibfertigkeit nach wie vor vernachlässigt, die Studierenden sind meist auf sich allein gestellt. Die Folge sind Unsicherheit im Vorfeld und konkrete Probleme beim Schreiben, die die weitere Entwicklung der Schreibfertigkeit begleiten. Freude beim Schreiben kann so nicht entstehen.

Das Schreiben von Wissenschaftstexten ist ein Handwerk, das jeder erlernen kann. (Diese Anleitung verwendet aus Gründen der Lesbarkeit und der Sprachgeschichte die männlichen Formen; natürlich sind an jeder Stelle Männer und Frauen zugleich gemeint.) Neben dem fachlichen Wissen und Können brauchen Sie einen den Anforderungen angemessenen Schreibstil, um während des Studiums und beim Examen zu guten Bewertungen zu kommen. Die Suche nach Stipendien oder Drittmittelförderungen verspricht mit gut geschriebenen Anträgen mehr Erfolg. Eine Publikationsmöglichkeit oder einen Verlag zu finden gelingt leichter mit einem guten Stil. Schließlich sollten Sie und andere auch später noch Ihre Werke gern wieder in die Hand nehmen.

Die Gattung eines Wissenschaftstextes (Haus-, Examensarbeit, Dissertation, Aufsatz und andere Formen) hat keinen direkten Einfluss auf die Arbeitstechnik. Deshalb bezieht sich diese Anleitung auf keinen speziellen Anwendungsfall (mit „Examensarbeit" sind beispielsweise Bachelor-, Master- oder Magisterarbeit gemeint), sondern sie ist für alle geschrieben, die vor der Aufgabe stehen, einen Bericht über das Bearbeiten einer Fragestellung zu verfassen. Der Erfahrungsstand dabei wird verschieden sein: Steht Ihre Examensarbeit an, so ist diese in der Regel viel anspruchsvoller und umfangreicher als die Hausarbeiten, die Sie während des Studiums geschrieben hatten. Als Promovierender möchten Sie nach vermutlich jahrelanger Forschungsarbeit die Dissertation abschließen, deren einzelne Kapitel jeweils den Rang einer Examensarbeit haben können. Als bereits schreiberfahrener Forscher sind Sie daran interessiert, Ihre Praxis weiter zu optimieren, oder Sie sind auf der Suche nach einer Schreibanleitung, die den von Ihnen betreuten Studierenden, Examenskandidaten und Promovierenden empfohlen werden könnte.

Ähnliches gilt für die fachlichen Fragen, die im Schreiben behandelt werden. Sie gehören zu Spezialgebieten, während die Schreibsituation in ihren grundsätzlichen Dimensionen weitgehend gleich ist. Fachfragen einzelner Wissenschaften (auch Formalien wie eine spezielle Gestaltung des Textes oder fachbezogene Konventionen beim Zitieren) behandelt diese Anleitung nicht. Sie setzt vielmehr voraus, dass Sie sich in Ihrer Fachdisziplin zurechtfinden, das heißt, dass Sie wissen, wo Sie Antworten auf Ihre Fachfragen und auch Auskunft über die für Sie geltenden Formalien bekommen können.

Diese Anleitung verwendet homogenisierende, neutral gehaltene Ausdrücke wie „Fragestellung", „Wissen", „Daten", „Ergebnisse" und andere. Verglichen damit wird Ihnen in Ihrem eigenen Fach vermutlich eine andere Art und Weise vertraut sein, das Selbstverständnis als Wissenschaft zu artikulieren. Meine Begriffswahl ist pragmatischer Natur und soll der Erfahrung Rechnung tragen, dass Fachfragen in den Schreibseminaren nur selten zu einem Thema werden, fast ausschließlich aber die persönliche Situation beim Schreiben für das eigene Fach. Diese Situation ist in den Geistes- und Sozialwissenschaften dadurch geprägt, dass Studierende und Forscher ihre Texte meist als Einzelpersonen vorbereiten, verfassen und verantworten. Indem die eher fachbezogenen inhaltlichen Aspekte des Schreibens hier ausgeblendet bleiben, sollen die personenbezogenen arbeitstechnischen stärker ins Licht gerückt werden können. In diesem Sinne ist die Formulierung „lebensnahe Anleitung" im Titel zu verstehen. Diese Anleitung möchte Sie von der notwendigen Strukturierung Ihres Schreibens ebenso überzeugen wie Ihnen zu einer wünschenswerten Flexibilität im Umgang damit verhelfen. Dadurch soll es Ihnen möglich werden, dass Sie sich in jedem Stadium des Schreibens zurechtfinden können und sich zu helfen wissen.

Eigenschaften von Wissenschaftstexten

In der Wissenschaft spielen viele Textformen eine Rolle: Briefe, Gutachten, Vorträge, Rezensionen, Förderanträge und andere. Die bekannte Formel „Publish or Perish!" („Veröffentliche oder verschwinde!") gilt aber allein für so genannte Originalarbeiten: Erstpublikationen von wissenschaftlichen Ergebnissen, in denen die Fragestellung aus dem Forschungsstand abgeleitet ist, alle Behauptungen belegt und die Folgerungen argumentativ begründet sind; die Texte sind der Fachwelt zugänglich, also publiziert worden. In Studium und Forschung geht alles von diesen Originalarbeiten aus und alles läuft auf sie zu. Haus- und Examensarbeiten sind zwar nicht zur Publikation bestimmt, sollen aber so geschrieben sein, als ob sie publiziert werden könnten.

Gute Wissenschaftstexte haben spezifische Eigenschaften: Sie sind stark strukturiert, haben eine hohe Informationsdichte, sind kohärent, konsistent, auf dem aktuellen Stand des Wissens und methodisch fehlerfrei. Kurz: Wissenschaftstexte müssen höchsten Anforderungen an Präzision und Klarheit genügen (Alley 1996, 6 und 12). Präzision betrifft die Sachebene (den Gehalt), Klarheit betrifft Sprache und Struktur (die Darstellung). Mit diesen Anforderungen ist eine Bedingung verknüpft: Wissenschaftstexte sollen nur eine einzige Version haben – nur die publizierte, die letzte Fassung zählt (Becker 2000, 28). Auch Examensarbeiten dürfen nur eine (gültige) Fassung haben, die der Bewertung zugrunde liegt. Die Publikation ist der letzte Schritt auf einem in der Regel langen Weg. Sie sichert den Anspruch auf geistiges Eigentum an den neuen Forschungsergebnissen: „Die neue Erkenntnis stammt von mir!" Der Autor hat für diese letzte Version einzustehen und muss bereit sein, für sie die Verantwortung zu übernehmen.

Diese Anleitung nimmt die Qualitäten der letzten Fassung – Präzision und Klarheit – als Ziele: Was muss man tun, wie muss man vorgehen, um sie zu realisieren? Ich setze deshalb voraus, dass Sie motiviert sind, fachlich etwas leisten wollen, und möchte Ihnen einen Weg zeigen, wie Sie sich das Schreiben erleichtern können. Die Anleitung verspricht jedoch nicht, dass sich diese Ziele schnell und einfach erreichen lassen. Sie möchte dazu beitragen, dass Sie mehr Freiheit – und damit Freude – beim Schreiben für die Wissenschaft erleben, indem Sie eine differenzierte Arbeitstechnik kennen lernen, mit der Sie sich den hohen Anforderungen (und damit Belastungen) mit Selbstvertrauen und Zuversicht stellen können.

Pflicht zur Publikation

Wissenschaft soll Wissen schaffen, dafür ist sie da. Wissen ist verlässliche, bewährte, gültige, bestätigte, bewiesene Kenntnis im Unterschied zu Meinung und Glauben. Der eigene Standpunkt zu einem Sachverhalt darf nicht willkürlich gewählt, sondern soll ein begründetes Urteil sein, das andere überzeugen kann: Wissenschaft argumentiert. Die Gründe, Belege und Beweise, die die Behauptungen stützen sollen, sind deshalb offen zu legen. Diese Transparenz ist die wesentliche Eigenschaft von Wissenschaft. Ihr Öffentlichkeitscharakter manifestiert sich in der Pflicht zur Publikation (Merton 1942/1985, 94; Ziman 1969, 318). Es genügt nicht, zu Forschungsergebnissen gekommen zu sein, man muss sie auch darstellen, also mitteilen. Wissenschaftstexte sollen alle Angaben enthalten, mit denen die Behauptungen zu einem Thema für die Fachgemeinschaft nachvollzieh- und nachprüfbar werden. Auch das ist der Sinn der Forderung nach Präzision und Klarheit. Jede Publikation soll zum Stand des gültigen Wissens einen weiteren, vielleicht kleinen, aber doch erkennbaren Beitrag leisten. Deshalb werden Forschungsergebnisse nur in einer Version veröffentlicht, als Originalarbeit. (Diese kann natürlich mehrfach nachgedruckt werden und in einer überarbeiteten Version auch revidiert oder erweitert sein.) Von Examensarbeiten wird noch kein echter Wissenszuwachs verlangt; sie sollen in erster Linie methodisches Können (das Beherrschen des fachlichen Handwerkszeugs) nachweisen – und die Schreibfertigkeit für Wissenschaftstexte.

Über das Entstehen der Texte und die damit verbundenen Umstände und Mühen ist aus den gedruckten Wissenschaftstexten in der Regel nichts zu entnehmen. Wie ist ein guter Text entstanden? Hat ihn der Autor in einem Zug niedergeschrieben, mit recht geringem Zeitaufwand? Oder waren es viele und mühevolle Schritte, mit Stockungen, Umwegen, Rückschlägen? Wurde der so organisch wirkende Text aus Einzeltexten, die zu verschiedenen Zeiten entstanden, so zusammengefügt, dass die Nahtstellen nicht mehr sichtbar sind? Ist die schließlich gedruckte oder gültige Fassung (die einzige, die Sie kennen lernen) vielleicht die fünfte, deren Vorgänger nicht hinreichend gelungen waren, so dass der Autor beinahe aufgeben wollte? Ging dem Abschluss ein zähes Ringen mit dem Betreuer, Gutachter, Herausgeber um einzelne Sätze oder Passagen voraus? Wurden Vorversionen von Zeitschriften schon abgelehnt oder nach externen Gutachten verbessert? Antworten auf solche Fragen werden Sie durch eine Textanalyse nicht erhalten.

1 Einführung: Warum Schreiben – und wie?

Fokus dieser Anleitung: Ihre persönliche Schreibsituation

Im Schreiben treffen hohe Anforderungen aus der Fachwelt auf eine einzelne Person, die auch auf anderen wissenschaftlichen Gebieten aktiv ist (weitere Projekte bearbeiten, Literatur verfolgen, Vorträge besuchen …), die an den eigenen Berufsweg denken muss (Arbeit abschließen, Anträge und Bewerbungen schreiben …), die ein Privatleben führen will (Freund-, Partnerschaft, Familie, Sport treiben, am Kulturleben teilnehmen, Urlaub …), die ein Alltagsleben zu bewältigen hat (Erledigungen, Einkaufen, Wäsche waschen …).

Diese Anleitung zeigt Ihnen eine Arbeitstechnik, mit der Sie die Spannung zwischen dem subjektiven, emotionalen, ‚ganzen' Leben und der objektiven, sachlichen, spezialisierten Wissenschaft wenn nicht ganz auflösen, so doch für sich erträglich gestalten können. Dem starken Akzent auf der letzten Fassung eines wissenschaftlichen Textes lässt sich nämlich etwas Positives abgewinnen: Erst die letzte Fassung zählt, nicht ihre Vorstufen. Bis zu ihrem Abschließen gibt es einen zeitlichen Spielraum, der Ihnen zum Gestalten zur Verfügung steht. Diese Anleitung gibt Ihnen ein Instrumentarium an die Hand, diesen Zeitraum produktiv zu strukturieren.

Der Spielraum beginnt bereits mit der Wahl eines Themas und der Entwicklung einer Fragestellung. Meine Anleitung konzentriert sich auf das Schreiben des zusammenhängenden, ganzen Textes über die relevanten Ergebnisse, somit auf die Endphase eines Studien- oder Forschungsvorhabens. Wichtige Entscheidungen sind dann bereits gefallen. Den Ausgangspunkt, der aus Darstellungsgründen für diese Anleitung notwendig ist, bildet das Ende des Materialsammelns, wenn Sie beschlossen haben, das Analysieren langsam einzustellen, das heißt den Abschluss Ihres Vorhabens einzuleiten und mit dem Schreiben des endgültigen Berichts zu beginnen oder die Vorstufen zu einem solchen in eine vervollständigte Form zu bringen.

Einen wichtigen Aspekt, der vor diesem Ausgangspunkt der Anleitung liegt, möchte ich aber ansprechen: Bevor Sie mit dem Realisieren Ihres Vorhabens beginnen, sollten Sie ein Exposé (einen Arbeitsplan) geschrieben haben. (Sind Sie aktuell mitten in einem Projekt, zu dem es bisher kein Exposé gibt, dann sollten Sie das nachholen.) Ein Exposé bringt Sie dazu, das, womit Sie sich beschäftigen wollen, analytisch zu durchdringen und planerische Überlegungen anzustellen. Wissenschaftliche Studien sollten stets zielorientierte Vorhaben sein.

In gedrängter Form beantwortet ein Exposé Fragen vorausschauend und vorläufig, die Ihr späterer Text in der Rückschau im Einzelnen und definitiv beantworten muss (Franck 2008, 173). Zu allen Stichworten sollten Sie so genaue Angaben machen, wie es möglich ist:

- Ausgangssituation: Welches Thema wird behandelt? Am Anfang nennen Sie das Gebiet allgemein.
- Problembereich: Welcher Ausschnitt aus dem Thema wird behandelt? Sie grenzen das Gebiet ein.
- Stand der Forschung (zur Orientierung): Wie sieht die aktuelle Theoriebildung und der Wissensstand zu diesem Bereich aus? Wo besteht eine Lücke? Gibt es widersprüchliche oder unbefriedigende Positionen? Wo lässt sich etwas Neues sagen?
- Fragestellung: Was soll Ihr Vorhaben herausfinden? Welche Frage soll Ihre Untersuchungen führen? Sie richtet sich auf einen Aspekt des eingegrenzten Problembereichs.
- Methode: In welcher Art und Weise soll die Fragestellung bearbeitet werden?
- Material: Welche Quellen/Daten/Literatur/ … wollen Sie heranziehen?

Zentral für das Exposé ist das Formulieren einer konkreten Fragestellung. Die Kernpunkte eines Exposés sollten ergänzt werden durch eine vorläufige Gliederung, die mitteilt, wie Sie sich den Aufbau Ihres späteren Berichts vorstellen. Hinzu tritt ein Zeitplan, der eine Vorstellung darüber gibt, bis wann die wichtigsten Arbeitsschritte Ihres Vorhabens realisiert sein sollen. Streben Sie auch hier nach Sorgfalt. Das vielleicht nur kurze Exposé wird sich in jedem Stadium Ihres Arbeits- und abschließenden Schreibprozesses als hilfreich erweisen.

Die Anleitung in der Übersicht

Das folgende Kapitel 2 enthält einen Überblick zur angemessenen Organisation von Zeit und Schreibplatz sowie Anmerkungen zum vorherrschenden Schreibmittel, dem Computer. In Kapitel 3 folgt ein Überblick zu den Schreibphasen. Kapitel 4 ist eine Grundlegung für den gesamten Schreibprozess: Es verdeutlicht, wie Argumentationen strukturiert sind.

Das Kernstück dieser Anleitung – Kapitel 5 – beschreibt den Weg zur letzten Fassung als ein Durchlaufen einzelner, aufeinander bezogener Arbeitsschritte. Nach den Vorbereitungen zum eigentlichen Schreiben, dem Aufbereiten des Materials und dem Auswerten der Literatur (Abschnitt 5.1), folgt das Vorstrukturieren des künftigen Textes durch eine vorläufige Gliederung, die als Arbeitsgliederung (die Ihnen beim Schreiben helfen soll) andere Eigenschaften hat als diejenige der letzten Textfassung, bei der die Bedürfnisse der Lesenden im Vordergrund stehen. Damit beschäftigt sich Abschnitt 5.2. Zentral für den Schreibprozess ist das Verfassen einer ersten Version des vollständigen Textes (Abschnitt 5.3), die aus fremdem Material (Quellen, Daten, Literatur und anderes) etwas Eigenes macht: zusammenhängend formulierte Gedanken. Abschnitt 5.4 ist dem Optimieren dieser ersten Fassung gewidmet und empfiehlt, den Gehalt getrennt von der Darstellung zu überarbeiten. Zu beidem finden Sie Checklisten.

Wenn Sie Mühe haben sollten, ins Schreiben zu finden, oder Ihr Schreibfluss einmal erheblich ins Stocken gerät, hält Kapitel 6 Tipps bereit. Im Schlusswort (Kapitel 7) stelle ich mein Hauptanliegen noch einmal heraus: Ihnen zu mehr Freiheit – und damit Freude – beim Schreiben zu verhelfen. Kapitel 8 enthält zunächst (Abschnitt 8.1) thematisch geordnete Literaturempfehlungen zur Ergänzung und Vertiefung. Das Literaturverzeichnis schließlich (Abschnitt 8.2) sammelt die Titel, die als Grundlage, Hintergrund oder Anregung zu nennen sind.

Diese Anleitung enthält keinen Beispieltext

Diese Anleitung möchte zum Schreiben hinführen, doch nur an wenigen Stellen sind kleine Beispiele zu finden, an keiner das Entwickeln einer Gliederung oder ein daraus entstandener Text in mehreren Versionen, der die weiteren Arbeitsschritte illustriert. Ich bin überzeugt, dass Beispieltexte, die nicht von Ihnen selbst stammen, die ihnen zugedachte Funktion nicht erfüllen können. Das Ringen um Worte und Formulierungen während des Schreibens der ersten Fassung darzustellen, ist nicht möglich. Für einen entstandenen Text, der in der Überarbeitungsphase verbessert wird, wäre ein Kommentar erforderlich, der die Gedanken des Autors, seine Entscheidungen und deren Gründe, beschreibt. Er wäre länger als der eigentliche Text und müsste mit dem Beispieltext (Thema, Anlass, Stil) von Ihnen erst in Ihre eigene Situation übersetzt werden. Stattdessen strebt diese Anleitung zugunsten einer kompakten Darstellung an, dass sich die Empfehlungen und Hinweise ohne solche Zwischenelemente in Ihre Situation übertragen lassen. Sie nimmt dafür die analytischen Fähigkeiten in Anspruch, die Sie brauchen, um überhaupt Wissenschaft betreiben zu können.

2 Überblick I: Zeit, Ort und Mittel des Schreibens

2.1 Die Zeitverwendung organisieren und günstige Rahmenbedingungen für das Schreiben schaffen

Durch eine realitätsnahe Beispielrechnung möchte ich Ihnen den hohen Zeitaufwand für das Schreiben verdeutlichen.

Schreiben braucht viel Zeit

Für eine Examensarbeit nehme ich einen Umfang von 110 Seiten an. Als Schreibleistung setze ich an, dass im Durchschnitt zwei druckreife, ‚gute' Seiten pro Schreibsitzung entstehen; Schreiben und Überarbeiten sowie alle anderen direkt auf das Schreiben gerichteten Aktivitäten sollen dabei berücksichtigt sein. Eine Aussage mit „im Durchschnitt" bedeutet, dass offen bleibt, wie die Schreibsitzungen konkret aussahen. Die angenommene Schreibleistung verdankt sich Beobachtungen und dem Erfahrungsaustausch und ist ambitioniert.

Aus den beiden Zahlen ergibt sich, dass 55 Schreibsitzungen (die ich mit Tagen identisch setze, unabhängig von der Dauer der Sitzungen) nötig sind, diesen Text zu schreiben, ohne Pausen, ohne Störungen, ohne Unterbrechungen. Natürlich sind Pausen nötig: Bei fünf Schreibtagen pro Woche kommen noch 16 zusätzliche Tage (die Wochenenden) hinzu, denn 55 Tage Schreiben sind fast

8 Wochen reine Schreibzeit. Folglich ist die Zwischensumme: 71 Tage Schreiben für 110 Seiten.

In diese kleine Rechnung sind mehrere optimistische Annahmen eingeflossen, zunächst diejenige, dass Sie pro Schreibsitzung im Durchschnitt tatsächlich zwei Seiten verfassen können. Viele Hindernisse sind denkbar: Die Beschäftigung mit dem Material in der Vorbereitung des Schreibens gerät zeitaufwändiger als angenommen, Sie müssen noch zusätzliche Literaturrecherchen vornehmen oder ein gerade erschienenes wichtiges Buch einbeziehen, Ihre technische Ausstattung für das Schreiben kann streiken, Sie haben vielleicht schon lange vereinbarte fachliche und private Termine (Teilnahme an einem Kongress, Fahrt beispielsweise zu einer Hochzeit an einem weit entfernten Ort), eine Krankheit schränkt Ihre Arbeitskraft ein oder zwingt zu einigen Tagen Bettruhe, eine Reparatur in Ihrem Haushalt wird plötzlich notwendig, geplant haben Sie auch eine kleine Erholungsreise. Alle diese ungewollten und gewollten Störungen Ihres Vorankommens werden dazu führen, dass sich der Zeitaufwand bis zum Abschluss erhöht, das heißt Sie haben sich in der Beispielrechnung auf 71 Tage plus einen Zuschlag einzustellen. Als Zuschlag setze ich 20% der errechneten Schreibzeit an. Das Schreiben der 110 Seiten dürfte aller realistischen Voraussicht nach somit rund 85 Tage oder 12 Wochen, also drei Monate, dauern.

Die Berechnung des wahrscheinlichen Zeitbedarfs für 110 Seiten in Tabellenform:

	Schreibzeit
2 Seiten Schreibleistung durchschnittlich pro Tag:	55 Tage
Pausen (Wochenenden):	plus 16 Tage
20% Zuschlag (Störungen):	plus 14 Tage
Voraussichtliche Dauer (Summe):	85 Tage (etwa 3 Monate)

Das Ergebnis dieser Rechnung überrascht, denn wenn man voraussetzt, dass die praktische Studien- und Forschungsarbeit mit dem Beginn des Schreibens weitgehend abgeschlossen sein sollte, bedeutet es, dass bei einer vorgegebenen Bearbeitungszeit für eine Examensarbeit von beispielsweise sechs Monaten nach der Hälfte der Frist mit dem Schreiben begonnen werden müsste. Ist das realistisch? Ließe sich der Zeitbedarf auch anders veranschlagen, so dass das Ergebnis niedriger ausfällt?

Eine Möglichkeit dazu ist die angesetzte freie Zeit: Statt zwei freien Tagen pro Woche können Sie die Pause auf einen Tag beschränken. Dazu möchte ich Ihnen auch raten, wenn Ihre Arbeits- und Lebensumstände das zulassen, denn mit sechs Schreibsitzungen pro Woche ist es leichter, die Konzentration hoch zu halten. An wenigstens einem freien Tag pro Woche sollten Sie aber festhalten, denn nur mit wohldosierten Pausen lässt sich eine hohe Ausdauerleistung realisieren. (Mehr dazu in diesem Abschnitt.) Der Zeitbedarf vermindert sich auf knapp 76 Tage oder fast 11 Wochen, also nur in geringem Maße. Eine zusätzliche Möglichkeit ist der Zuschlag für gewollte und ungewollte Störungen. Eine Verringerung auf 10% bei einem freien Tag pro Woche führt zu einem Endergebnis von knapp 10 Wochen Schreibzeit. Der anfänglich errechnete Zeitbedarf lässt sich also auch dadurch kaum mindern. Ein Zuschlag von nur 10% verlangt wochenlang stabile, berechenbare Arbeitsumstände. Das ist, wie Erfahrungen und Beobachtungen nahe legen, meist nicht der Fall.

Die zugrunde gelegte Schreibleistung von zwei Seiten pro Tag lässt sich über längere Zeit kaum steigern, weil sie bereits ambitioniert angesetzt ist. Bedenken Sie, dass während der Überarbeitungen (die in der Rechnung berücksichtigt sind) der entstandene Text eigentlich nicht mehr erweitert wird. Hinzu kommt, dass die Annahme einer klaren Differenz zwischen dem Materialsammeln und dem Schreiben in dieser Anleitung aus Darstellungsgründen notwendig, in der Praxis aber kaum möglich ist. Muss während des Schreibens weiter Material gesammelt und aufbereitet werden, erhöht das den Zeitbedarf für die Schreibphase. Realistisch ist jedoch eine andere Sichtweise, mit der sich der Zeitbedarf für die abschließende Schreibphase tatsächlich mindern lässt: Geschrieben worden sein sollte bereits viel früher schon und viel, während der praktischen Studien- und Forschungsarbeit; Studieren/Forschen und Schreiben laufen nebeneinander. Haben Sie in diesem Sinne in regelmäßigen Abständen geschrieben und viele Vorstufen zu Ihrem künftigen Text verfasst, wird die Schreibzeit am Ende kürzer ausfallen. Rechnet man jedoch diese eher kurzen, aber zahlreichen Schreibzeiten zur abschließenden Schreibphase hinzu, werden Sie auf ein ebenso überraschendes, nämlich hohes, Ergebnis kommen wie in der Berechnung hier.

Mit dieser Beispielrechnung will ich Ihnen deutlich machen: Die wichtigste Ressource überhaupt für das Schreiben ist Zeit. Sie muss ausreichend zur Verfügung stehen. Ohne genügend Zeit wird Ihnen nichts gelingen können. Es kommt darauf an, die zur Verfügung stehende Zeit richtig zu organisieren. Angesichts des Textumfangs und der hohen Anforderungen an Präzision und Klarheit ist eine Hauruck-Strategie, ein kurzatmiger Einsatz aller Kräfte bis zur Erschöpfung, nicht richtig. Das Schreiben braucht eine differenzierte Arbeitstechnik mit einem Zeitmanagement – auch, um die Gedanken reifen zu lassen.

Nicht auf einzelne Stellen bezogen, sondern gleichsam pauschal möchte ich für das Thema „Zeitmanagement in Studium und Forschung" in dieser Anleitung als Belege die Publikationen von Hans-Werner Rückert zum Problem des Aufschiebens nennen (vgl. Abschnitt 8.1), in die viel therapeutische Erfahrung und Einsicht in die zugrunde liegenden psychischen Konflikte eingeflossen ist. Am häufigsten wird das Schreiben aufgeschoben.

2 Überblick I: Zeit, Ort und Mittel des Schreibens

In der Wissenschaft ist das Schreiben die Bewährungsprobe für das persönliche Zeitmanagement, denn vieles kommt zusammen: Jeder Wissenschaftler muss selbst schreiben, das genaue Ergebnis (die letzte Fassung) ist am Anfang nicht abzusehen, es gelten höchste Anforderungen ohne Rücksicht auf den nötigen Zeitaufwand, dennoch muss der Text irgendwann fertig werden, und schließlich haben Studierende oder Promovierende keine oder wenig Erfahrung mit großen Schreibprojekten.

Wie viel Zeit haben Sie wirklich für das Schreiben? Es dürfte weniger sein, als Sie annehmen. Was haben Sie sonst noch zu tun? Was füllt Ihre Tage? Wie sieht eine Woche bei Ihnen aus? Beobachten Sie Ihre persönliche Zeitverwendung. Finden Sie zunächst heraus, wann Sie definitiv nicht werden schreiben können. Lassen sich Verpflichtungen delegieren oder können Sie diese eine Weile ruhen lassen, um Zeit freizuschaufeln? Sind Sie bereit, die eine oder andere Aktivität für einen begrenzten Zeitraum einzuschränken oder einzustellen? Bei einem mehrjährigen Projekt wie einer Dissertation wird der erforderliche Zeitraum für das Schreiben viele Monate lang sein. Wenn das, was allein an Schreibzeit auf Sie zukommt, Sie erschreckt, dann sollten Sie sich fragen: Was wollen Sie erreichen? Sind Sie bereit, die für dieses Ziel notwendige Last auf sich zu nehmen? Der Schlüssel ist Ihre Motivation, das Interesse an der Sache.

An den Schreibtagen sollten Ihnen Zeitblöcke im Umfang von wenigstens zwei ungestörten Stunden ausschließlich für das Schreiben zur Verfügung stehen. Es dauert etwas, Konzentration zu erreichen, ‚reinzukommen', und beim Schreiben fliegt die Zeit dahin. Steht Ihnen solch ein Zeitraum verlässlich regelmäßig zur Verfügung? Ist das nicht der Fall, dann besteht Handlungsbedarf. Das soll nicht bedeuten, dass Ihnen an den Arbeitstagen möglichst viel an Schreibzeit zur Verfügung stehen sollte. An Aufgaben, die eine hohe Konzentration erfordern, können Sie nicht viele Stunden lang arbeiten. Andere, weniger anspruchsvolle Dinge sollten in der übrigen Arbeitszeit erledigt werden; Sie brauchen auch einen körperlichen Ausgleich zur mentalen Belastung. Diese Begrenzung hängt auch damit zusammen, dass jeder Mensch während des Tagesverlaufs nur in einer gewissen Zeitspanne ein Leistungshoch haben kann. Finden Sie die für Sie physiologisch produktivste Zeit heraus und arbeiten Sie in ihr an Ihrem anspruchsvollsten Vorhaben.

Einen Arbeits- und Zeitplan erstellen

Ein Arbeits- und Zeitplan löst etwas Unüberschaubares in beherrschbare, machbare Abschnitte auf, die Sie über die verfügbaren Zeiten verteilen. Stellen Sie sich das Schreiben als das organisierte Verfassen kleiner, definierter Textstücke vor. Dadurch werden die hohen Anforderungen erträglicher, die das Schreiben für die Wissenschaft bedeutet (Zerubavel 2001, 37f.). Erstellen Sie eine visualisierte Version Ihres aktuellen Plans und hängen Sie diese gut sichtbar an Ihrem Schreibplatz auf.

Planen hat viele günstige Eigenschaften:
- Sie entlasten sich, indem Sie die Übersicht über Ihr Vorhaben – was zu tun ist – in einen schriftlich fixierten, sichtbaren Arbeits- und Zeitplan verlagern;
- Sie erhalten ein Gefühl der Sicherheit, im Plan zu sein;
- Ablenkungen können Sie besser widerstehen;
- Sie können sich in Ihrer freien Zeit wirklich frei fühlen, denn auch Zeit für andere (vielleicht geliebte) Aktivitäten haben Sie eingeplant;
- Sie machen Erfahrungen, die Ihnen künftiges Planen erleichtern werden.

Machen Sie sich auch den Vorteil klar, den das geplante Schreiben hat, sollten Sie in eine Hängephase geraten: Sind Sie in einem strukturierten Schreibprozess, so haben Sie das aktuelle Problem nur mit einem bestimmten Ausschnitt Ihrer Aufgabe, nicht mit ihr als ganzer. Das wirkt weniger lähmend und hilft, wieder in den Schreibfluss zu kommen (Zerubavel 2001, 38).

Aus einem Plan sollten Handlungsschritte folgen, die eine Prioritätensetzung ergeben, also zu einer Reihenfolge der Einzelschritte führen. Formulieren Sie sachlich und zeitlich wirklich erreichbare Zwischenziele, mit denen Sie ihre Fortschritte kontrollieren können. Mit dem Abhaken der einzelnen Arbeitsschritte im Plan verschaffen Sie sich Erfolgserlebnisse, die Ihre Leistungsbereitschaft stärken. Denken Sie auch an Zeitreserven; brauchen Sie diese Pufferzeiten nicht, lassen sie sich für spätere Verzögerungen ansparen oder als Belohnung genießen. Den größten Puffer sollten Sie vor den gewünschten Abschlusstermin setzen.

Das Erstellen eines Arbeitsplans für das Schreiben ist keine leichte Aufgabe, da die Basis für die Wochen- und besonders für die Tagesplanung konkrete, einzelne Tätigkeiten sein müssen. Erforderlich ist, ein Ziel wie beispielsweise „Den Aufsatz schreiben" in tagesbezogene Einzelhandlungen herunterzubrechen, deren Umsetzung jeweils überprüft werden kann. In einem Zeitplan kann beispielsweise stehen: „In Kalenderwoche 11 die Literaturübersicht in erster Fassung schreiben." Die allgemeine Vorgehensweise ist, vom Abgabetermin rückwärts zu rechnen, um einzelne Termine (die Zwischenziele) setzen zu können. Gehen Sie in dieser Weise zurück bis zu einer Handlung, die Sie jetzt, hier und heute, tun können und tun müssen, um den Weg zur letzten Fassung einzuschlagen. Mit diesem Zurückrechnen ist das Einschätzen des Zeitbedarfs für die einzelnen Arbeitsschritte verbunden, so dass Sie zugleich den notwendigen Anfangstermin für das Schreiben finden, damit das Ziel zum Wunschtermin realisiert sein kann.

Das Einschätzen des Zeitbedarfs und damit die Terminsetzung ist zunächst mit einer gewissen Unsicherheit verbunden, wenn Ihnen Erfahrungswerte fehlen. Erstellen Sie einen Plan auch auf einer zunächst unsicheren Grundlage, am besten, indem Sie mit Intervallen arbeiten. Das soll heißen, dass Sie eine optimistische und eine pessimistische Schätzung des Zeitbedarfs für die einzelnen Arbeitsschritte vornehmen (Unter- und Obergrenzen) und auf dieser Basis planen. Haben Sie mit dem Umsetzen Ihres Plans begonnen, können Sie durch regelmäßiges Vergleichen des veranschlagten Zeitbedarfs mit dem tatsächlich erforderlichen zu einer realistischeren und damit künftig sichereren Planungsgrundlage kommen. Die immer bessere Erfüllung Ihrer eigenen Vorgaben wird Sie zusätzlich motivieren. Hatten Sie von Anfang Ihres Vorhabens an immer wieder Texte geschrieben, so hat das nicht nur den Vorteil, dass Sie an eigenen Texten weiterarbeiten, sondern dass Sie dadurch den Zeitaufwand für das Schreiben realistischer werden einschätzen können.

Sie sollten jedoch beachten: Verplanen Sie die Ihnen verfügbare Zeit nicht vollständig, sondern arbeiten Sie als Reserve für Unvorhergesehenes wenigstens 20% der verplanbaren Zeit ein.

Eine avancierte Zeitplanungstechnik für das Schreiben stellt Zerubavel 2001 vor, den ich Ihnen empfehle, wenn Sie an einer Vertiefung interessiert sind.

Regelmäßig schreiben, als Gewohnheit

Für ein produktives Schreiben ist Regelmäßigkeit von großer Wichtigkeit. Können Sie pro Schreibsitzung nur kurze Textstücke schreiben, ergeben diese in der Summe doch eine ganze Passage. Je länger Sie regelmäßig schreiben, desto leichter geht es. Wer für ausreichend Zeit sorgt und regelmäßig arbeitet, kann seine persönlichen Potenziale zu wissenschaftlicher Leistung voll ausschöpfen. Aus Zeitmangel entstehen oft Probleme, etwa, dass es gegen Ende trotz guter Textteile an ausreichender Zeit zum Überarbeiten des Ganzen fehlt. Je länger Sie nicht schreiben oder mit der Regelmäßigkeit aussetzen, desto schwieriger wird es, zur Gewohnheit zurückzufinden.

Schreiben sollte – auf Zeit – die Priorität unter Ihren Aktivitäten haben und Ihre Lebensführung bestimmen (Wolcott 1990, 16). Die Erwartung, gleich, von heute auf morgen, nachdem Sie sich dazu entschlossen haben, in eine produktive Schreibhaltung am Arbeitsplatz zu finden, ist in der Regel falsch und führt zu Enttäuschungen. Regelmäßigkeit heißt Gewohnheit, und eine Gewohnheit kann nur über einen gewissen Zeitraum entstehen. Sie können darauf setzen, dass die Schreibgewohnheit, wenn sie wirksam geworden ist, Sie wie jede gute Gewohnheit ‚tragen' und Ihnen das Produktivsein erleichtern wird. Eine feste Gewohnheit wirkt wie Selbstdisziplin, ohne dass Sie Ihren Willen einsetzen müssten. Statt genötigt zu sein, das Schreiben durch Willenskraft anzuschieben, werden Sie erleben können, sich gezogen zu fühlen, weil Sie Ihrer Motivation folgen. Deshalb sollten Sie das Entstehen der Gewohnheit nicht stören. Jede Ausnahme, die Sie von der Regelmäßigkeit in der Anfangsphase machen, gefährdet, dass die Gewohnheit entsteht. Streben Sie darum an, stets zur selben Zeit, am selben Ort und in der selben Art und Weise zu schreiben. Die erleichternde Wirkung für das Schreiben wird größer sein als die Mühe, die das Einrichten dafür günstiger Umstände Ihnen zunächst bereitet.

Weiter oben habe ich empfohlen, an den Schreibtagen Zeitblöcke von wenigstens zwei ungestörten Stunden für das Schreiben freizuschaufeln. Es ist möglich, dass Ihre Lebenssituation kaum zulässt, dies zu realisieren, beispielsweise, weil Sie ein Kind oder Kinder zu betreuen haben. Wenn Sie wenig Schreibzeit haben, dann sollten Sie umso stärker für Regelmäßigkeit und sorgfältige Planung sorgen.

Verlangen Sie am Anfang nicht zu viel von sich und berücksichtigen Sie dies entsprechend in Ihrem Plan. Nehmen Sie sich zunächst nur so viel Zeit zum Schreiben, wie Sie sich gut konzentrieren können. Steigern Sie diese Schreibzeit langsam und kontinuierlich. Setzen Sie sich ein tägliches (Mindest-) Pensum, zunächst ein eher bescheidenes, soundsoviele Zeilen oder Sätze pro Schreibsitzung. Vielleicht gelingt Ihnen das Umsetzen nicht gleich, aber halten Sie an der Regelmäßigkeit des Schreibens fest, halten Sie in dieser Hinsicht unbedingt durch. Streben Sie an, stets (täglich) einen messbaren Fortschritt Ihres Textes zu erreichen; dieser muss sich nicht in seiner Länge niederschlagen (Wolcott 1990, 41). Haben Sie Ihr für heute vorgesehenes Pensum gearbeitet, können Sie befreit und zufrieden den Rest des Tages genießen. Machen Sie in dieser Zeit, was Ihnen gefällt, Sie aber nicht daran hindert, die Regelmäßigkeit beizubehalten.

Pausen, Entspannung und Belohnungen

Kontinuierliches Schreiben heißt nicht, andere Beschäftigungen auszuschließen, sondern das Arbeiten in Rhythmen, in einem Wechsel von Konzentration und Entspannung zugunsten einer verlässlichen und hohen Dauerleistung. Planen Sie Pausen ein und nehmen Sie diese auch tatsächlich. Empfehlenswert sind kurze Pausen (einige Minuten) während jeder Stunde. Längere Pausen, in denen Sie Ihren Arbeitsplatz verlassen, sehen Sie nach einer entsprechend längeren Arbeitszeit vor.

Zur Schreibtischarbeit ist ein körperlicher Ausgleich besonders wichtig. Das kann ein wenig Sport bedeuten, aber auch ein Zu-Fuß-Gehen über mehr als nur ein paar Minuten lüftet Ihren Kopf, regeneriert Sie und macht Sie bereit für neue Taten am Schreibtisch. Steigen Sie eine Station (Bus, Straßenbahn, U-Bahn …) vor oder nach Ihrem Ziel aus und laufen Sie das zusätzliche Stück Weg. Gehen Sie in der Mittagspause spazieren oder holen Sie sich Ihr Essen an einem etwas weiter entfernten Ort. Die Zeit, die Sie mit solch kleineren oder auch größeren körperlichen Aktivitäten wie Joggen, Schwimmen oder anderen verbringen, ist keine verlorene Zeit, sondern fördert Ihre Leistungsfähigkeit über einen längeren Zeitraum, wie er für das Schreiben eines umfangreichen Textes notwendig ist.

Planen Sie auch Belohnungen ein. Sie können sich selbst motivieren oder Ihre Motivation hoch halten, indem Sie sich für das Durchhalten etwas gönnen, das Ihnen Freude macht. Belohnen Sie sich aber nicht für das Beginnen, sondern für das Durchhalten und für das Erreichen der Zwischenziele. Honorieren Sie stets das Verhalten, das Sie Ihrem Ziel näher bringt und hadern Sie nicht mit sich, wenn Sie einmal ‚rückfällig' geworden sind. Verbinden Sie das Durchhalten mit einer Tätigkeit, die Ihnen wichtig ist, am besten eine, die Sie täglich machen. Für viele Leute mit Studien- und Forschungsarbeiten kann das beispielsweise das Lesen und Schreiben von E-Mails sein: „Ich werde erst dann die neuen E-Mails abrufen, wenn ich das für heute geplante Pensum erledigt habe." Diese Selbstverpflichtung plus Belohnung hat auch den wichtigen Effekt, dass die E-Mail-Kommunikation Sie nicht während des Schreibens ablenkt. Widerstehen Sie dieser und ähnlichen Versuchungen: Internet, Spiele …

Belohnungen verstärken einen Entschluss, hier den zum Schreiben. Verstärkend wirken auch Verpflichtungen, etwa die, dass Ihre Kollegen (Partner, Freunde ...) wissen, dass Sie sich im Schreibprozess befinden. Sie können Vereinbarungen treffen oder Bündnisse schließen, um Motivierung zu erleben, beispielsweise, indem ein guter Freund Sie täglich früh am Morgen anruft, um Ihnen einen kleinen Schubs Richtung Schreibtisch zu geben. Sollten solche Mittel ihre Kraft verlieren oder nicht ausreichen, sind weitere Maßnahmen erforderlich. (Diesem Thema ist Kapitel 6 gewidmet.)

Zeit und Ort praktikabel verbinden

Für Ihr Schreiben brauchen Sie stabile, Ihre Motivation stützende und fördernde Rahmenbedingungen. Warten Sie nicht auf die inspirierende Stimmung, sondern verhalten Sie sich so, dass eine solche immer wieder verlässlich entstehen kann. Was sind die für Sie wichtigen Umstände, die Ihr Schreiben motivieren? Was bringt Sie dazu, sich zum Schreiben hinzusetzen? Was hält Sie in produktiver Stimmung? Was fördert, dass Sie wieder zum Schreiben zurückkehren? Was lässt Sie Ihrer vorgesehenen Schreibzeit entgegen sehen statt dass Sie sich davor fürchten? Auf solche Fragen gibt es eine Vielzahl von Antworten, die von der individuellen Situation abhängen, aber auch von der Reichweite, die man diesen Fragen geben will. Der Konzeption dieser Anleitung gemäß möchte ich eher auf grundsätzliche Aspekte eingehen, die Ihnen Anlass sein sollen, passende, für Sie wirksame Antworten in Ihrer persönlichen Situation zu finden.

Was ist die für Sie beste Kombination von Zeit und Ort für das Schreiben? Fragen Sie sich, welche Bedingungen unter den realistisch gegebenen Optionen Ihren Bedürfnissen beim Schreiben förderlich sind, und versuchen Sie, diese zu realisieren und stabil zu halten (Wolcott 1990, 15).

Ideal ist es, wenn Sie sich einen Platz oder eigenen Raum zum konzentrierten Arbeiten schaffen, der ausschließlich dem Schreiben gewidmet ist und an dem Sie während des Schreibens nicht gestört werden können, beispielsweise durch Telefonanrufe. Setzen Sie einen Anrufbeantworter ein und informieren Sie Freunde, Familie und Kollegen darüber; decken Sie das Gerät mit etwas ab, so dass Sie bei Anrufen nicht mithören müssen. Schalten Sie das Handy aus.

Alle Materialien, die Sie während des Schreibens benötigen, sollten geordnet bereit liegen. Mit einem nach Ihren Bedürfnissen geordneten Schreibtisch können Sie die Gedanken, die Sie beschäftigten, leichter auseinander halten, sich zwischen ihnen bewegen oder wieder in sie hineinfinden. Ordnung hilft beim Arbeiten an einer vielschichtigen Aufgabe. Denken Sie an die Reihenfolge, in der Sie die Materialien voraussichtlich brauchen werden. Halten Sie nicht mehr bereit als tatsächlich erforderlich ist (Wolcott 1990, 47). Empfehlenswert ist (bei Rechtshändigkeit), die Materialien links vom Bildschirm oder der Schreibfläche zu platzieren, rechts ist dann Platz für Schreibpapier zum Notieren von Ideen und Gedanken sowie für eine Getränke- oder Essensablage (Perrin/Rosenberger 2008, 13).

Vom Betrieb sich maßvoll absondern

Studieren und Forschen findet im Betrieb einer wissenschaftlichen Einrichtung statt, unter Kommilitonen und Kollegen, mit festen Terminen offizieller und inoffizieller Art, beeinflusst oder bestimmt von einem Stil und einer Atmosphäre, die oft eine Verbindung von Eigenschaften des Fachs und dem Führungsstil der leitenden Personen darstellen. Wichtig ist, dass Sie sich um eine Verhaltensweise bemühen, die schreibfreundlich ist. In vielen Fällen wird das bedeuten, sich – auf Zeit – maßvoll vom Betrieb abzusondern.

Wenn Sie einen Arbeitsplatz in Ihrem Institut haben: Stehen üblicherweise alle Bürotüren offen? Jeder, der vorbeikommt, hält gerne einen kleinen Schwatz? Sie brauchen Konzentration. Schließen Sie Ihre Tür und fordern Sie, wenn nötig, Ihre Kollegen auf, Sie nicht zu stören, etwa durch ein kleines Hinweisschild. Indem Sie öffentlich machen, dass Sie mit dem Schreiben beschäftigt sind, haben Sie sich im Kollegenkreis verpflichtet in dem Sinne, dass Sie für Ihr Forschen (zu der das Schreiben eines Berichts essentiell gehört) die Verantwortung übernehmen. Für die spätere letzte Fassung Ihres Textes werden Sie in viel gewichtigerer Form Verantwortung übernehmen müssen, nämlich (potenziell) der gesamten Fachwelt gegenüber, ohne dass Sie noch etwas ändern könnten. Warum nicht während des Schreibens schon mit dem Übernehmen der Verantwortung in einem kleinen Kreis anfangen? Eine andere Möglichkeit, ungestört zu bleiben, besteht darin, früher als die anderen im Institut zu sein. Dafür muss das Privatleben am Abend vielleicht umorganisiert werden, damit Sie früher zum Schlafen kommen.

Beim Schreiben zu Hause ist ein Plan und diszipliniertes Verhalten in besonderer Weise gefordert, denn dort lauern mehr Ablenkungsmöglichkeiten (Kühlschrank, Musik hören, Internet, Post holen, Zeitung lesen, Wohnung putzen, Pflanzen gießen …).

Ein guter Mittelweg, wenn Sie keinen Arbeitsplatz im Institut haben, die im Hinblick auf die Arbeitsorganisation aber anspruchsvollere Situation in ihrem Privatbereich umgehen wollen, ist ein Schreibplatz in einer Bibliothek. Voraussetzung ist allerdings, dass Ihre Materialien transportabel sind. Die Öffnungszeiten geben einen großzügigen Zeitrahmen vor, zahlreiche Nachschlagewerke sind zugänglich, Steckdosen für Laptop-Netzteile sind meist gegeben, Kopierer stehen bereit, Pausenräume sind vorhanden, Handys müssen abgeschaltet werden. In manchen Bibliotheken können separate Arbeitsräume reserviert werden. Die Anwesenheit vieler anderer Studierender und Forscher, die ihre Projekte voranbringen, fördert die eigene Konzentration. Kleine Arbeitsgruppen können sich finden, deren Basis nicht so sehr inhaltliches Zusammenarbeiten, sondern wechselseitiges Unterstützen und Motivieren ist, etwa durch feste gemeinsame Pausen, die beim Durchhalten helfen. Sind die Arbeitsplätze in der Bibliothek sehr begehrt, wird Sie das sanft zum zeitigen Aufstehen nötigen und so ein gewohnheitsmäßiges Verhalten beim Schreiben fördern.

2.2 Am Computer schreiben

Zum Schreiben mittels Computer, Software, Drucker, Bildschirm und Tastatur gibt es keine Alternative – jedenfalls, wenn es um die letzte Fassung Ihres Textes geht. Gewisse Ambivalenzen beim Schreiben am Computer können aber ein Problem werden, wenn Sie sich nicht auf diese einstellen. Die angemessene Arbeitstechnik – das Thema dieser Anleitung: Eine systematische Organisation des Schreibprozesses – kann Ihnen der Computer nämlich nicht geben; er unterstützt die Vorgänge, die im Schreiben wichtig sind, er fördert aber nicht das richtige Verhalten beim Schreiben. Deshalb folgen hier einige allgemeine Hinweise, wie mit dem Computer umgegangen werden sollte.

Texte ohne Materie

Schreiben am Computer hat die Texte ‚virtuell' werden lassen. Sie sind leicht zu erstellen und bleiben danach formbar. Alles, was einmal eingegeben und gespeichert ist, kann bis zum Schluss ohne großen Aufwand noch geändert werden: Weiterbewegt, in eine andere Form gebracht, hier eingefügt, dort entfernt. Der Computer verführt dazu, Schwachstellen hinzunehmen und Verbesserungen aufzuschieben – oder ständig und überall zu ändern. Dem Vorbereiten und Planen gilt weniger Aufmerksamkeit. Der Weg vom Beginnen bis zum Abschließen kann leicht einem unstrukturierten Fluss ähneln. Neuartige Fehlerquellen entstehen, wie versehentlich stehen gebliebene Worte nach Löschen oder Umstellen. Die Optionen der Programme verleiten zum Ausprobieren, die nur einen Klick entfernten anderen Möglichkeiten des Computers (E-Mail, Internet, Spiele …) lenken leicht ab.

Auch von einer anderen Seite aus gesehen ist das Schreiben am Computer mit Ambivalenzen verbunden. Wissenschaftliches Arbeiten ist in erster Linie etwas Kognitives: Gegenstände, Phänomene und Vorgänge sozialer, historischer oder künstlerischer Art sollen geklärt, Thesen formuliert, Theorien weiterentwickelt werden. Diese kognitiven Anforderungen erhöht der Computer noch: Für das Schreiben müssen Sie den Überblick auch über verzweigte Dateiverzeichnisse mit vielen Ebenen bewahren und zwischen Programmen und Fenstern wechseln. Im Vergleich zu anderen Schreibmitteln treten am Computer die manuell-körperlichen Dimensionen des Schreibens zurück, während sich die kognitiven verstärken.

Die Technik im Griff haben

Vom Computer soll im Weiteren gar nicht mehr die Rede sein. Die Technik schreibt nichts von allein. Im Computer fließt Strom, kein Gedanke. Er darf Ihre Kräfte und Ihre Zeit nicht binden und Sie auf dem Weg zur letzten Fassung nicht behindern. Stellen Sie dafür sicher, dass Ihnen die technische Ausstattung vertraut ist. Wechseln Sie nichts daran vor dem Ende des Schreibens. Benennen und organisieren Sie Ihre Dateiverzeichnisse so, dass auch ein Kollege sich zurechtfinden würde. Drucken Sie die Versionen Ihres Textes zur Sicherung regelmäßig aus. (Haben Sie einmal keinen Zugang zu Ihrem Rechner, können Sie so an einem Ausdruck weiterarbeiten.) Speichern Sie Ihren Text regelmäßig mehrfach auf externen Datenträgern und lagern Sie ein Exemplar davon an einem separaten Ort: Ein kleines Malheur kann die Arbeit von Monaten vernichten. Sorgen Sie für Reserven beim Verbrauchsmaterial, beispielsweise für eine bereit liegende neue Tintenpatrone oder Tonerkassette.

Ebenso wenig wie auf Hardware möchte ich in dieser Anleitung auf Software eingehen, trotz ihrer Bedeutung für das Schreiben in den Wissenschaften. Zahlreiche kostenpflichtige oder -freie Software ist erhältlich, die verspricht, Ihnen kleinere oder größere Teile des Schreibprozesses abzunehmen, beispielsweise das Speichern, Verwalten und Verknüpfen von Literaturstellen und -angaben. Die von den Programmen angebotenen Möglichkeiten lassen sich jedoch nur beurteilen und produktiv einsetzen, wenn der Mensch vor dem Computer Sinn und Zweck der notwendigen Strukturierung des Schreibens verstanden hat. Darauf konzentriert sich diese Anleitung.

Dass es zum Schreiben am Computer keine Alternative gibt, bezieht sich nur auf seine Vorteile als Schreibmittel. Formulieren, das heißt Gedanken fassen, entwickeln und ordnen, können Sie ebenso mit der Hand. (Die erste Fassung dieser Anleitung habe ich mit der Hand geschrieben.) Probieren Sie aus, ob sich schwirige Passagen mit Stift und Papier leichter bewältigen lassen, weil Sie mit der Hand langsamer schreiben als mit dem Computer. Während des Schreibens haben Sie dadurch mehr Gelegenheit zum Nachdenken; es kann produktiver sein, weil dabei Geist und Körper sich näher sind. Positiv auf Ihre Konzentration kann sich auswirken, dass Sie dabei nicht auf technisch bedingte Umstände achten müssen, beispielsweise keinen Lüfter rotieren hören, auch Ihre Augen werden entlastet.

Schreibaktivitäten, bei denen es um ein Nebeneinander geht, also darum, komplexe Zusammenhänge der Argumentation zu klären, Strukturen zu entdecken, Gliederungen zu entwickeln, Zeitpläne zu erstellen, Übersicht zu gewinnen, lassen sich mit der Hand auf eventuell großen Papierbögen erheblich besser ausführen als am Computer. Textverarbeitungsprogramme sind dafür kaum geeignet, weil sie für das Nacheinander eines laufenden Textes konzipiert sind; in spezielle Programme müssten Sie sich erst einarbeiten. Diese Anleitung möchte Sie von den Vorteilen einer gestuften Vorgehensweise überzeugen. Prüfen Sie, ob nicht das zeitweise Schreiben mit der Hand ein wichtiges Mittel der Arbeitserleichterung sein kann (Wolfsberger 2007, 155 – 160).

3 Überblick II: Die Arbeitsschritte beim Schreiben

Nicht der Weg ist das Ziel beim Schreiben für die Wissenschaft, sondern das Erreichen des Ziels, das schon vor dem Anfangen bekannt ist: Ein präziser und klarer Text. Darum ist es wichtig, dass Sie zunächst einen Überblick erhalten, wie die dafür angemessenen Arbeitsschritte aussehen und wie sie aufeinander aufbauen.

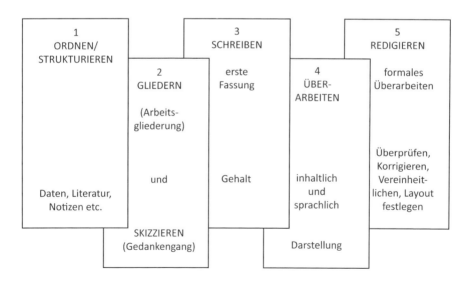

Die Arbeitsschritte entzerren

Das Bild oben ist ein Modell der Arbeitsschritte (Schreibphasen), wie sie zu empfehlen sind, um den Schreibprozess zu organisieren. Wie jedes Modell versucht auch dieses, trotz Vereinfachungen der Wirklichkeit gerecht zu werden. Sie sehen fünf Karten, die neben-, aber auch übereinander liegen. Jede Karte steht für einen Arbeitsschritt, der mit dem nachfolgenden – und somit allen anderen – verbunden ist. Die Karten lassen sich hin und her schieben, weiter auseinander oder enger zusammen: Zwei oder mehr Arbeitsschritte folgen erkennbar aufeinander oder überlappen sich stark. Ein Entzerren der Arbeitsschritte (Kruse 2007, 31f.) zieht diese Teilhandlungen des Schreibens wie ein Akkordeon auseinander und verteilt sie über die Zeit. Das angestrebte Ziel, der präzise und klare Text, taucht in diesem Bild nicht auf, denn im Endprodukt ‚verschwindet' der Schreibprozess.

Diese Visualisierung der Arbeitsschritte können Sie auch als Balkendiagramm mit Überlappungen auffassen, wie es im Projektmanagement als Ablaufplan verwendet wird:

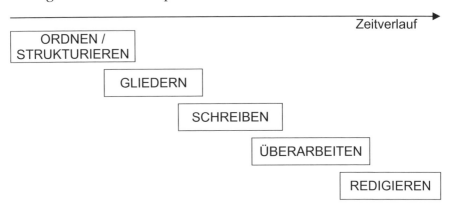

3 Überblick II: Die Arbeitsschritte beim Schreiben

Jeder Arbeitsschritt in den beiden allgemein gehaltenen Bildern ist mit gleich großen Karten/Balken ohne Zeitangaben dargestellt, jeder nähme also die gleiche Zeitspanne ein. Dies wird in einem konkreten Schreibprojekt nicht der Fall sein; auch können die verschiedenen Phasen mehrfach auftreten.

Für das Schreiben sollten Sie einen Arbeits- und Zeitplan erstellen, wie in Abschnitt 2.1 erläutert. Der Zeitbedarf für die einzelnen Arbeitsschritte muss dazu von Ihnen geschätzt werden. Konkrete Angaben zum Zeitbedarf für die einzelnen Arbeitsschritte kann ich in dieser Anleitung nicht verantworten, da dieser von Ihrem individuellen Vorhaben und Ihrer persönlichen Situation abhängt; es sind zu viele Einflussfaktoren dabei wirksam. Eine Ausnahme kann ich aber machen: Das Schreiben der ersten Fassung wird meiner Überzeugung nach die meiste Zeit in Anspruch nehmen.

Zunächst charakterisiere ich die Arbeitsschritte kurz, als Überblick, und gehe dann auf den Zusammenhang zwischen ihnen ein. (Nach diesen ‚Riesenschritten' durch den Schreibprozess hier folgen ausführliche Darstellungen in Kapitel 5.)

Eigenschaften der Schreibphasen (Überblick)

Arbeitsschritt 1: „Ordnen/Strukturieren"

Der Arbeitsschritt ist die erste von zwei Vorbereitungen zum Schreiben. Sichten und analysieren Sie Ihre Materialsammlung anhand der Fragestellung und der Erwartungen, die Sie hinsichtlich der Ergebnisse hatten. Arbeiten Sie die ausgewertete Forschungsliteratur ein weiteres Mal durch (mehr dazu in Abschnitt 5.1); suchen Sie noch einmal nach aktuellen Titeln; analysieren Sie die gesammelten Titel und fassen Sie sie zusammen, damit die

Menge geringer wird und Sie einen Überblick bekommen; rekapitulieren Sie Ihr Exposé.

Streben Sie nach einem klaren interpretatorischen Befund, den Sie schriftlich fixieren: Die Antwort auf die Ausgangsfrage. Versuchen Sie die innere Logik Ihrer Materialien zu klären, machen Sie sich diese so durchsichtig wie möglich. Daraus wird sich eine Ordnung in Ihren Materialien ergeben, die die vorläufige, vielleicht vage Gliederung Ihres künftigen Textes in Ihrem Exposé oder Ihren späteren Texten und Überlegungen bestätigt oder modifiziert, auf jeden Fall aber ein Stück weit konkretisiert.

Arbeitsschritt 2: „Gliedern und Skizzieren"

Der Arbeitsschritt ist die zweite, auf der ersten aufbauende Schreibvorbereitung: Erstellen Sie eine Arbeitsgliederung als Annahme, die tragfähig sein könnte, als Konzept, das gedanklich plausibel erscheint (Bänsch 2008, 40). Die Gliederung teilt den künftigen Text in Kapitel und Abschnitte ein; eine Skizze (ein Entwurf des Textes) formuliert den zusammenhängenden Gedankengang, den berühmten ‚roten Faden'. Beide werden das Schreiben der ersten Fassung erleichtern. Die Gliederung ordnet den Gedankengang in einzelne Teile, die Skizze zeigt den Zusammenhang zwischen ihnen. Beide Schreibtechniken können Sie immer wieder einsetzen, um sich selbst das Weiterkommen zu erleichtern, beispielsweise am Anfang oder Ende von Schreibsitzungen.

Ordnen Sie das strukturierte Material den einzelnen Gliederungspunkten zu. Legen Sie Ordner (papierene oder elektronische) für jeden der Gliederungspunkte an und sortieren Sie die Materialien in den jeweils passenden Ordner. Ebenso legen Sie die notierten Gedanken, Ideen, Fragen, die Ihnen während des Analysierens

Ihres Materials gekommen sind, in die passenden Ordner. Sind dies Stichworte oder einzelne Sätze? Ergeben sich aus diesen kleinen Textstücken schon Zusammenhänge? Mögen sich daraus auch nur weitere Vorstufen zum Text ergeben, so wird Ihnen mit solchen das eigentliche Schreiben leichter fallen.

Arbeitsschritt 3: „Schreiben der ersten Fassung"

Alles, was Sie im ersten und zweiten Arbeitsschritt vorbereitet haben, sollte in den dritten einfließen, der zentral ist im Schreibprozess. Hier geht es um die Klärung der Sachfragen, den Gehalt Ihres Textes; Sie füllen die Arbeitsgliederung mit vorläufigem Inhalt, indem Sie Ihre Gedanken ausformulieren.

Schreiben Sie den jeweils anstehenden Gliederungspunkt in einem Zug, das heißt entschließen Sie sich nicht mittendrin, das bereits Geschriebene zu verbessern, weil es Ihnen zu provisorisch erscheint. Sie erleichtern sich das Schreiben, indem Sie für jeden Gliederungspunkt zunächst eine Skizze mit dem Gedankengang formulieren. Geben Sie die erste, vorläufige Fassung (oder Teile davon) Ihren Betreuern, Kollegen und Freunden zum Lesen und bitten Sie um Kommentare. Schreiben in den Wissenschaften heißt Darstellen – für andere. Sie prüfen somit, ob Sie auf dem richtigen Weg sind; das Verbesserungspotential durch ‚Testleser' ist enorm.

Arbeitsschritt 4: „Überarbeiten – inhaltlich und sprachlich"

Sie prüfen und optimieren in diesem Arbeitsschritt den Text, um Präzision und Klarheit zu verbessern. Arbeiten Sie die Anmerkungen der Leser der ersten Fassung ein. Eventuell ist es aus sachlichen Gründen erforderlich, einzelne Passagen zu differenzieren, weitere Quellen und Forschungsliteratur heranzuziehen oder noch einmal Daten zu erheben. Deshalb kann dieser Arbeitsschritt aus mehreren Schleifen bestehen. Insgesamt aber wandert Ihre Aufmerksamkeit vom Klären der Sachfragen zum Optimieren der Darstellungsqualität Ihres Textes.

Arbeitsschritt 5: „Redigieren (formales Überarbeiten)"

Erst wenn das inhaltliche und sprachliche Überarbeiten abgeschlossen ist und somit die letzte Fassung der Sache nach vorliegt, sollten Sie den Text endgültig redigieren. Natürlich hatten Sie die vorläufige Fassung, die Sie anderen Personen zum Lesen gegeben haben, auch redigiert. Dies muss aber nicht perfekt realisiert worden sein, dem Status des Textes gemäß. Erst jetzt ist es effektiv, dafür zu sorgen, dass Ihr Text den geltenden Konventionen in allen Einzelheiten entspricht: Angemessenes Seiten-Layout, Fehlerfreiheit in Rechtschreibung und Grammatik, einheitliche Verwendung von Abkürzungen und Symbolen, einheitliche Form der Literaturangaben, Befolgen der Vorgaben der Prüfungs- oder Promotionsordnung oder Einrichten des Textes nach den Richtlinien des Publikationsorgans, für den Ihr Text vorgesehen ist.

Wie die Schreibphasen aufeinander aufbauen

Das Sortieren Ihrer Materialien arbeitet, ebenso wie das Gliedern und Skizzieren, dem Schreiben der ersten Fassung zu. Während des Schreibens überprüfen Sie, ob diese Vorbereitungen richtig waren. Eventuell stellt sich heraus, dass Sie nach dem Schreiben der vollständigen ersten Fassung in das Vorbereiten zurückkehren und das eine oder andere nacharbeiten, ergänzen, verbessern sollten. Dies bedeutet, dass Sie sich bei jedem der Arbeitsschritte nicht endgültig festlegen müssen, sondern Gelegenheit finden, auf jeden Punkt zurückzukommen und Korrekturen vorzunehmen. Arbeiten Sie dennoch in jeder Phase so sorgfältig und konzentriert wie möglich.

Diese Überprüfung (Bestätigung oder Korrektur) wiederholt sich in der nächsten Arbeitsphase: Während des Überarbeitens stellen Sie die erste Fassung auf den Prüfstand, zugleich damit ein weiteres Mal die Schreibvorbereitungen. Wenn es erforderlich ist, können Sie ins Schreiben zurückkehren, um nachzuarbeiten, zu ergänzen oder zu verbessern. Da Sie Ihre Vorbereitungen zum Schreiben nun das zweite Mal überprüfen, ist die Wahrscheinlichkeit groß, dass es in dieser Hinsicht nur wenig oder gar nichts nachzubessern gibt. Mit solchen Wiederholungen im Fortgang und mit dem sinkenden Bedarf nach einem Zurückkehren in vorangegangene Arbeitsschritte wird Ihre Sicherheit wachsen, auf dem richtigen Weg zur letzten Fassung zu sein.

Stark verkürzt besteht der Schreibprozess aus den Schritten: Material sortieren → Gliedern und Skizzieren → Text schreiben → Text verbessern → Text verschönern.

4 Grundlegung: Wissenschaftliche Texte sind argumentativ aufgebaut

Jeder wissenschaftliche Text soll einen vielleicht kleinen, aber doch erkennbaren Beitrag zur Erweiterung des aktuell akzeptierten Kenntnisstandes zu einem Thema leisten. Auch wenn viele Passagen eines solchen Textes deskriptiv, konstatierend, referierend, kompilierend oder vergleichend sind, hat er als Ganzes einen argumentativen Aufbau: Wissenschaftstexte beweisen, belegen, begründen, diskutieren, interpretieren, bewerten, folgern; sie führen Positionen und ‚Schulen' fort, füllen ‚weiße Stellen'. Das Erweitern des bisher als gültig betrachteten Wissensstandes bedeutet auch, sich gegen andere Auffassungen, Positionen, Autoren, Richtungen und ‚Schulen' zu wenden, deren Defizite überzeugend herauszustellen und ebenso überzeugend den eigenen Lösungsvorschlag als besser darzustellen und dafür Akzeptanz anzustreben.

Strukturelemente in Argumentationen

Ihre Schreibsituation ist demnach grundsätzlich durch das Argumentieren bestimmt. Deshalb ist diesem hier ein eigenes Kapitel gewidmet. Dass wissenschaftliche Texte argumentativ aufgebaut sind, bedeutet, dass Schreiben und Publizieren in den Wissenschaften soziale Aktivitäten sind, mögen ihre Gegenstände und deren Behandlung auch völlig sachlich sein, die in betont unpersönlicher Form dargestellt werden.

Für das Schreiben eines Wissenschaftstextes ist es am besten, den Argumentationsgang zu gliedern. Dieses Kapitel gibt Ihnen die Elemente einer vollständigen Argumentationsstruktur an die Hand. Diese begegnet Ihnen auch in jeder alltäglichen Situation, in der es zu einem begründeten, konsensfähigen, der Sache entsprechenden Urteil oder Befund kommen soll. In wissenschaftlichen Texten ist diese Struktur sichtbarer, weil sie stärker formalisiert ist als im Alltag, sie ist aber nicht wesentlich anders und keine Sonderform.

Die Strukturelemente einer Argumentation möchte ich vorstellen und kommentieren, wie sie Stephen E. Toulmin in einem wirkungsmächtigen Buch zur Theorie der Argumentation dargestellt hat (Toulmin 1958/1996). Das folgende Bild visualisiert die Elemente (angelehnt an Rienecker 1999, 102; Booth/Colomb/Williams 2008, 116):

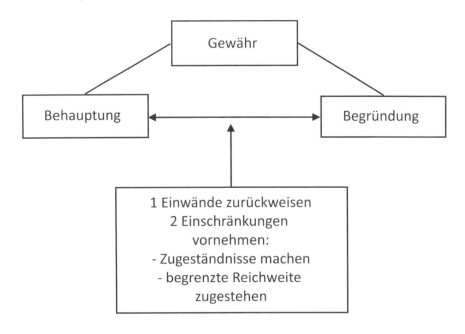

4 Grundlegung: Wissenschaftliche Texte sind argumentativ aufgebaut

Kernstück jeden Argumentierens ist die Verbindung einer Behauptung (einer These) mit einer Begründung, um einen Geltungsanspruch (auf Wahrheit) zu erheben. Begründungen können logische Gründe, Belege oder Beweise sein. Ein Messwert (in den Naturwissenschaften) kann, interpretiert, eine Behauptung als Beweis stützen, ein Zitat aus einer Publikation oder einem Archiv-Dokument kann als Beleg angeführt werden oder es wird mit allgemeinen, logischen Gründen argumentiert, beispielsweise Widersprüchlichkeit. Es lässt sich aber nicht alles mit allem verbinden. Damit eine Verbindung akzeptiert werden kann, muss eine Beziehung zwischen beiden Elementen möglich sein, diese also einer Verknüpfungsregel folgen. Liegt beispielsweise eine erhöhte Körpertemperatur vor (die lässt sich messen), kann Fieber diagnostiziert werden: „Diese Person hat Fieber, das beweist die erhöhte Körpertemperatur." Normalerweise sind die Verbindungen so eingespielt, dass sie gar nicht als Erfüllung einer Verknüpfungsregel wahrgenommen werden. In wissenschaftlichen Disziplinen sind sie durch das Geflecht von Gegenstandsbereich, Theorie, Methode und Forschungsstand für die Beteiligten fraglos.

Die Begründung einer Behauptung wird durch zusätzliche Elemente ergänzt, welche die Argumentationsstruktur erweitern. Im Alltagsleben kommen diese Elemente nach Bedarf ins Spiel: Charakteristisch für das Argumentieren in der Wissenschaft ist aber, dass jeder Text, der ein Beitrag zur Erweiterung des Wissensstandes sein will, sie vollständig – soweit das sachlich angemessen ist – enthalten sollte.

Auf Gegenargumente eingehen

Die Verbindung von Behauptung und Begründung wird durch die weiteren Elemente moduliert. Sie lassen sich zusammenfassen: Ablehnen und Anerkennen von Gegenargumenten (im Bild unter „1" und „2" dargestellt). Können gegen die Einwände anderer Fachleute triftige Argumente vorgebracht und diese Einwände dadurch zurückgewiesen werden, so geht die eigene Verbindung einer Behauptung mit einer Begründung gestärkt aus diesem Austausch von Argumenten hervor, weil ihre Überzeugungskraft erhöht wurde. Haben Gegenargumente aber eine sachliche Schwachstelle der eigenen Argumente getroffen, muss der Argumentierende mit Einschränkungen reagieren. So kann er Zugeständnisse machen, die der Stichhaltigkeit von Gegenargumenten nachgeben, oder er modifiziert seine ursprüngliche Behauptung in der Weise, dass ihr Geltungsraum eingeschränkt wird. In wissenschaftlichen Zusammenhängen ist oft eine Eingrenzung des Geltungsanspruchs in der Interpretation von Ergebnissen auf die zugrunde liegenden Daten oder Quellen erforderlich. Beide Formen von Einschränkungen schwächen die Argumentation, von der die Diskussion ihren Ausgang nahm, stärken aber den Kern, der sich im Austausch von Argumenten als haltbar erwiesen hat.

In der praktischen Durchführung bedeutet Argumentieren in wissenschaftlichen Zusammenhängen: Ergebnisse diskutieren. Das Aufstellen begründeter Behauptungen (Thesen) soll einhergehen mit dem – reale Diskussionen vorwegnehmenden – Einbeziehen möglicher Gegenpositionen. Ihr Erörtern führt zu Bewertungen der eigenen Ergebnisse und zu Folgerungen aus ihnen. Die Doktorarbeit, das ‚Gesellenstück' eines jeden Wissenschaftlers, heißt mit lateinischem Namen „dissertatio", übersetzt „Erörterung". Berichte über Forschungen sollen die Ergebnisse selbstkritisch durchdenken und die Folgerungen abwägen. Ihrem Selbstverständnis nach löst Wissenschaft dadurch die Forderung nach umfassender Transparenz ein, im Alltagsbetrieb des akademischen Lebens bedeutet das Erörtern aber eher das Absichern der eigenen Ergebnisinterpretationen gegen mögliche Einwände. (Weiterführend zum Argumentieren: Cioffi 2006, Kapitel 4 und 7; Lehmann 2007, 32 – 37; Kienpointner 2008; Booth/Colomb/Williams 2008, Part III; Stickel-Wolf/ Stickel 2009, 208 – 219.)

5 Der Schreibprozess: Auf dem Weg zum präzisen und klaren Text

5.1 Auswerten der Forschungsliteratur

Vor Beginn des Schreibens der ersten Fassung, nach vielleicht langer Beschäftigung mit den Materialien (Quellen, Forschungsliteratur, qualitative Daten, Kunstwerke oder anderes) sollten Sie noch einmal recherchieren und die Sammlung der Forschungsliteratur ein letztes Mal aktualisieren. Sie wird umfangreich geworden sein und Sie sollten diese Menge durch (erneutes) Auswerten kleiner und überschaubarer machen. Die folgenden Empfehlungen gelten für das Auswerten allgemein, somit auch für die Arbeitsphasen, die dem Ausgangspunkt dieser Anleitung, dem Beginn der abschließenden Schreibphase, voraus liegen, in denen Sie sich kontinuierlich mit Forschungsliteratur beschäftigt hatten. Dennoch empfehle ich Ihnen, die gesamte Materialsammlung noch einmal durchzugehen. Der dafür nötige Zeitaufwand verhilft Ihnen nämlich zur Präsenz Ihrer Sammlung auf dem aktuellen Stand Ihrer Überlegungen: Sie vergegenwärtigen sich das gesamte Material, älteres wie neueres, und gleichen die Unsicherheiten der Erinnerung aus.

Wissenschaftliche Texte haben als Elemente einer Fachdiskussion einen argumentativen Kontext, der den einzelnen Inhaltsaspekten Sinn und Stellenwert gibt. Als Leser sollten Sie zunächst die Argumentation als ganze erfassen. Dies ist desto wichtiger, je selektiver die Interessen sind, mit denen Sie an den Text herantreten.

Verstehen Sie den Umgang mit der Forschungsliteratur nicht als bloß rezeptiven, sondern stets als aktiven, analysierenden Prozess.

Allgemeine Leitfragen im Auswerten sind „Was weiß ich schon?" und „Was will ich wissen?". Achten Sie auf:

- Den Gegenstandsbereich, der zu einem Forschungsthema gemacht worden ist: Welche genaue Fragestellung wird verfolgt? Welche Fakten teilt er mit, welche Tatsachenbehauptungen enthält er? Wie wird die Fragestellung beantwortet? Mit welchen Begründungen wird die These gestützt?
- Die methodischen Mittel, die eingesetzt wurden, um die Fragestellung anzugehen: Was sind die zentralen Begriffe, die das Thema analytisch strukturieren?
- Die Argumentationsschemata, mit denen Beziehungen zwischen den untersuchten Phänomenen geknüpft werden: Wie werden Fakten aufeinander bezogen? Wie werden Zusammenhänge dargestellt? Wie werden die Fakten und Zusammenhänge interpretiert?
- Die Ergebnisse selbst: Wie überzeugend sind diese? Wurde die Fragestellung in allen Aspekten bearbeitet? Welche Aspekte bleiben unbeantwortet? Wird auch die Reichweite (Grenze) der Untersuchung besprochen?

Die Menge der Literatur reduzieren

Allein durch Lesen lässt sich etwas schwer über längere Zeit behalten. Ein Dokumentieren Ihrer Studien durch Kauf, Kopieren oder Speichern (bei Dateien) des gesamten Textes, also im Verhältnis 1:1, ist zu unstrukturiert und lässt die Papier- und Datenmenge rasch unübersichtlich werden, ohne dass Sie sich die für Sie wichtigen Inhalte wirklich zu eigen gemacht hätten. Das Auswerten der Literatur sollte vielmehr zu einer weit vorangetriebenen Textreduktion führen, die zweierlei leistet: Die ausgewählten Passagen zu dokumentieren und für Ihr eigenes Schreiben zu erschließen. Dafür benötigen Sie zwei aufeinander bezogene Systeme, ein Dokumentations- und ein Verweissystem.

Die klassische Arbeitstechnik, relevante Teile eines publizierten Textes für eigene Zwecke zu dokumentieren und seinen Inhalt und die Argumentationsstruktur zusammenzufassen, ist das Exzerpieren (von lat. excerpere: herausnehmen, -schreiben). Derselbe Text kann also bei unterschiedlichen Untersuchungszwecken zu anderen Exzerpten führen. Exzerpieren integriert das während des Lesens Verstandene gut ins eigene Wissen, zugleich entstehen Materialien, die während des Schreibens verwertet werden können.

Ein Exzerpt ist gelungen, wenn es ohne den Text, der in der Quelle davor und danach steht, für die weitere Arbeit verwendbar ist. Deshalb ist beim Exzerpieren Sorgfalt geboten. Das Dokumentieren sollte über ein papierenes oder elektronisches Karteisystem erfolgen. Welche Form Sie wählen, bleibt Ihren Präferenzen überlassen. Im Falle einer papierenen Dokumentation sollte es aus Blättern oder Karten bestehen, die beliebig erweiterbar sind und nach dem Stand Ihrer Auseinandersetzung mit dem Thema umarrangiert werden können. Verwenden Sie deshalb keine gebundenen Hefte oder Ringbücher. Werden für ein Exzerpt mehrere Karten benötigt, so beschreiben und nummerieren Sie die papierenen Karten nur einseitig, weil sich dadurch vermeiden lässt, dass Sie Exzerpte übersehen; falls nötig, können auch Textteile später herausgeschnitten werden. Erfassen Sie beim Exzerpieren sorgfältig die vollständigen Angaben zur Publikation und zur Fundstelle des Exzerpts, wozu auch zählt, ob das Exzerpt auf die folgende Seite übergeht. (Unterabschnitt 5.3.2 stellt die Grundregeln des Zitierens dar.)

Exzerpte und Verweissystem

Die Exzerptesammlung enthält jedoch nur die ‚Rohdaten', die in einem weiteren Schritt aufgeschlüsselt und dem Verwenden im eigenen Schreiben zugänglich gemacht werden müssen. Ziel dabei ist, dass Sie die aktuell jeweils benötigten Stellen leicht finden können. Es gilt, die vermutlich umfangreiche Sammlung durch ein Verweissystem präsent zu halten, so dass Sie sich nach thematischem Belieben darin bewegen können. Suchen Sie nach der für Sie passenden Form, für die ich Anregungen geben möchte. Entscheiden Sie sich früh im Schreibprozess und bleiben sie bei dieser Wahl.

Führen Sie eine eigene (gesonderte) Verfasserkartei oder -datei, geordnet nach den Namen in alphabetischer Reihenfolge oder setzen Sie spezialisierte Software zu diesem Zweck ein. Damit können Sie jederzeit feststellen, ob beispielsweise eine Publikation, die in einem Text zitiert wird, von Ihnen schon ausgewertet worden ist. Eine solche Kartei oder Datei protokolliert Ihre Literaturstudien; mit ihr lässt sich später das Literaturverzeichnis erstellen.

Das Verweissystem kann in die Dokumentation selbst integriert sein: Markieren Sie die einzelnen (papierenen) Karteikarten durch geeignete Mittel, um die Zugehörigkeit zu einem sachlichen Aspekt Ihres Themas deutlich zu machen. Möglich sind Farbsysteme oder farbige Reiter auf den Karten (Kunststoffhalter, Büroklammern, aufgeklebte Papierstreifen).

Ein Verweissystem, das von der Dokumentation getrennt ist, hat den Vorteil, dass Ihre Exzerpte unverändert bleiben und auch für andere Themen durch neue Verweise verwendet werden können. Eine Möglichkeit, ein solch separates System zu realisieren, besteht darin, Verweise auf relevante Stellen unter Stichworten auf Karteikarten oder in einem Tabellensystem zu sammeln (beide sind sowohl in papierener wie elektronischer Form möglich): In die Spaltenüberschriften der Tabelle werden die relevanten Stichworte eingetragen, in die Zeilenüberschriften die ausgewerteten Publikationen nach Verfassern. In die Zellen tragen Sie die Fundstellen ein; gehören diese zu mehreren Stichworten, entstehen mehrere Einträge. Zusätzliche Spalten für kurze Kommentare, beispielsweise „Gutes Zitat für Kap. 3", sind empfehlenswert.

Mit einem solchen Verweissystem können Sie während des Literaturstudiums beginnen. Bedenken Sie aber, dass sich dieses Studium über einen langen Zeitraum hinziehen kann, beispielsweise bei einer Dissertation, was es wahrscheinlich macht, dass sich das intellektuelle System, das begriffliche Netz, das Ihr Auswerten leitet, weiterentwickelt. Neue Stichworte treten hinzu, andere fallen weg, viele differenzieren sich. Das Erschließen der Exzerpte mittels Stichworten muss also von Anfang an relativ weit gespannt erfolgen, um intellektuelle Entwicklungen während der Suche nach einer Antwort auf die Fragestellung auffangen zu können.

Der Schreibprozess ist eine fortgesetzte Entscheidungsfindung, mit dem Sie Präzision und Klarheit anstreben. Ihr Verweissystem sollte diesen Weg mitvollziehen. Wählen Sie zunächst allgemein gehaltene Stichworte und differenzieren Sie diese im Laufe der Literaturauswertung. Hier möchte ich noch einmal das Auswerten der gesamten Materialsammlung zu Beginn der Schreibphase empfehlen: Sie arbeiten die Texte, die Sie auf einem vorläufigen Stand der Analyse exzerpiert hatten, mit dem bis dahin letzten, differenziertesten Stand Ihrer Überlegungen noch einmal durch. Dabei können Sie bisher übersehene Lücken ebenso feststellen wie nicht benötigtes Material aussortieren.

Das Verweissystem erschließt Ihre Exzerpte durch Stichworte. Diese sind natürlich nicht punktuell zu verstehen, sondern stehen untereinander in Verbindung und bilden ein lockeres oder festeres begriffliches System, das eine Vorstufe zur Arbeitsgliederung ist.

Der nächste Arbeitsschritt besteht darin, eine solche zu formulieren oder eine während der praktischen Arbeit entwickelte zu optimieren, so dass danach mit dem eigentlichen Schreiben begonnen werden kann. Wenn man den künftigen Text mit einem gedanklichen Gebäude vergleicht, dann wird die Gliederung dessen tragendes Fachwerk sein. Zunächst gilt es, eine Arbeitsgliederung als Schreibhilfe zu entwickeln.

5.2 Schreibhilfe Arbeitsgliederung

Mit Ihrem Text wollen Sie zum aktuellen Stand des Fachwissens oder der -diskussion einen Beitrag leisten, also etwas Neues mitteilen. Die Leser brauchen dafür eine Orientierung. Diese wird ihnen die Gliederung Ihres Textes geben wie eine Landkarte für einen Wanderer die Übersicht über ein unvertrautes Gebiet, die hilft, sich darin zurechtzufinden, weil sie Geländeformationen, Orte, Haupt- und Nebenstraßen zeigt.

Die folgenden Empfehlungen zum Vorgehen beim Gliedern gelten allgemein, somit auch für die Arbeitsphasen, die dem Ausgangspunkt dieser Anleitung, dem Beginn des Schreibens, vorausliegen. Zu einem Exposé, dem Plan Ihres Projektes, gehört auch eine vorläufige, vielleicht nur grobe Gliederung. Es ist günstig, wenn Sie im Sinne der in Abschnitt 2.1 empfohlenen kontinuierlichen Schreibaktivität immer wieder Gliederungen probeweise entworfen hatten. Vor dem Beginn des Schreibens muss es aber zu einer Entscheidungsfindung kommen, wie die vorläufige Gliederung als Basis für die weiteren Arbeitsschritte aussehen soll.

5 Der Schreibprozess: Auf dem Weg zum präzisen und klaren Text

Die allgemeine Gliederung von Wissenschaftstexten

Die Gliederung Ihres Textes wird der äußere Niederschlag der Themenbearbeitung sein und zeigt eine Struktur: Wie sich das Ganze zu den Teilen verhält und wie die Teile zum Ganzen. Die Gliederung zeigt die Bedeutung der Teilaspekte und ihren Zusammenhang als eine logische Einheit; sie lässt die Fragestellung klar erkennen, begründet die Eingrenzung des Themas und setzt Schwerpunkte. Sie unterteilt den Text in seiner letzten Fassung in Lese-Abschnitte, die zusammenhängend einen Gedanken entwickeln, eine Geschichte erzählen: „Mein Ausgangspunkt war ... Gemacht habe ich ... Am Ende hatte ich ..." Dabei bezieht sich der Schluss auf den Anfang wie die Antwort auf eine Frage oder wie die Lösung auf ein Problem mit dem folgenden Muster:

Schritt 1: Kündigt an, was warum und wie in Schritt 2 gemacht wird. In der Einleitung nennen Sie die Fragestellung, stellen den Kontext dar und formulieren das Ziel Ihrer Untersuchung (These). Als Teil der Argumentation begründet Schritt 1 die Fragestellung, das heißt die Herkunft des Problems, für das eine Lösung gesucht wurde.

Schritt 2: Stellt die Ergebnisse im Einzelnen dar, die im Analysieren des Materials und im Anwenden der Methode herauskamen. Im Hauptteil führen Sie das in Schritt 1 Angekündigte aus. Als Teil der Argumentation stellt Schritt 2 die Ergebnisse dar und, warum diese verlässlich und glaubwürdig sind: Durch Anwenden der fachlich akzeptierten Methode.

Schritt 3: Erläutert, was die Ergebnisse des Hauptteils zu bedeuten haben mit Bezug auf das in der Einleitung Angekündigte. Im Schlussteil interpretieren und bewerten

Sie Ihre Ergebnisse. Als Teil der Argumentation erläutert Schritt 3 die Stichhaltigkeit der Belege und holt sich unterstützende Beweiskraft aus den Arbeiten anderer Forscher, erörtert widersprechende Ergebnisse (eigene wie fremde), zieht am Ende Folgerungen und formuliert einen Ausblick.

Ihre Gliederungsaufgabe konzentriert sich vornehmlich auf Schritt 2, den Hauptteil nach Umfang und Bedeutung, in dem Sie die Fragestellung im Detail bearbeiten. Hier lösen Sie die Ankündigungen von Schritt 1 ein, Schritt 3 bezieht sich darauf. Für diesen Teil gibt es wenig standardisierte Gliederungsvorgaben, während Sie in den flankierenden Teilen 1 und 3 natürliche Erwartungen der Leser zu erfüllen haben; im Hauptteil ist Ihr Gestaltungsspielraum am größten – und Ihre Verantwortung.

Solange Sie sich noch nicht endgültig über die Ordnung Ihres Textes klar geworden sind, kann das Gliedern eine schreiberleichternde Wirkung für Sie haben: Es hilft Ihnen, zu dieser Klarheit zu finden, es dient Ihnen als Mittel, sich in dem gegenwärtig noch nicht völlig erkundeten Gelände zurechtzufinden. Betrachten Sie die Arbeitsgliederung – die der Lesegliederung voraus geht – deshalb als Schreibhilfe, als Instrument, das Ihnen einen geordneten Fortgang ermöglichen wird (Wolcott 1990, 16). Einsetzen konnten und können Sie dieses Mittel immer wieder, wenn Sie nach einer Darstellungsstruktur suchen.

Vorstufen des Gliederns

Zu Beginn des Arbeitsschrittes „Gliedern" ist es ratsam, in einem kreativen Prozess Ideen und Vorstellungen zu generieren und zu verknüpfen, also eine erste Vorstufe zum Gliedern zu schaffen.

5 Der Schreibprozess: Auf dem Weg zum präzisen und klaren Text

Eine Methode, die Sie dafür einsetzen können, ist das von Gabriele L. Rico entwickelte Clustering (Rico 2004): Nehmen Sie ein großes Blatt Papier, das genug Platz für Erweiterungen lässt, im Querformat und schreiben Sie den Kernbegriff Ihres Themas gerahmt in die Mitte. Lassen Sie Bildern, Gedanken, Ideen freien Lauf und notieren Sie weitere Begriffe, die Sie mit dem Kernbegriff assoziativ verknüpfen können. Umrahmen Sie auch diese. Ziehen Sie Verbindungslinien zwischen den Begriffen gemäß der sachlichen Zusammenhänge, die Ihnen dabei deutlich werden. Einzelne Ideen werden unverbunden stehen bleiben. Kehren Sie zur weiteren Generierung von Einfällen immer wieder zum Kernbegriff zurück.

Hier das Beispiel eines noch wenig differenzierten Clusters zu „Wissenschaft":

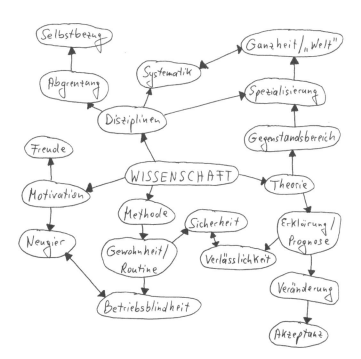

Mit dem Clustering können Sie Ideen aufspüren. Über-, Unter- und Nebenordnungen schaffen, das heißt Einfälle ordnen, lassen sich besser mit der Methode des Mind-Mappings, die von Tony Buzan entwickelt wurde (Buzan/Buzan 2002); eine andere Bezeichnung ist Assoziogramm. Mit ihr, ebenfalls einer Vorstufe zum Gliedern, kommen Sie der Arbeitsgliederung einen Schritt näher.

Nehmen Sie ein großes Blatt Papier, das genug Platz für Erweiterungen lässt, im Querformat und schreiben Sie Ihr Thema gerahmt in die Mitte. Lassen Sie Bildern, Gedanken, Ideen freien Lauf und ziehen Sie für diese von der Mitte ausgehende Äste in alle Richtungen. Von diesen Hauptästen zweigen Nebenäste ab, von diesen wiederum ‚Blätter'. Diese Verzweigungen entsprechen den Haupt-, Neben-, Unter-Nebenaspekten, Anwendungsbeispielen und anderem. Notieren Sie an die Verzweigungen einzelne Worte oder Satzteile, aber keine vollständigen Sätze. Verwenden Sie Symbole und Farben. Springen Sie mit Ihren Gedanken von einer Stelle zu einer anderen, zu der Ihnen etwas einfällt, und lassen Sie dieses Gebilde wachsen und sich entfalten wie eine Baumkrone, ohne es zu beurteilen.

Ihre Assoziationen sind angeregt und gesättigt von Ihrer Materialsammlung, die Ihnen durch das Vergegenwärtigen im vorangegangenen Arbeitsschritt präsent ist. Gibt es vielleicht Teile davon, die sich in Ihrer Mind-Map bisher nicht niedergeschlagen haben? Sie können mehrere solcher Mind-Maps hintereinander erstellen, um zu einer lockeren, aber alles umfassenden, dennoch vorläufigen Anordnung Ihrer Materialien zu kommen. Mind-Maps sind über ihre offene Baumstruktur so angelegt, dass weitere Einfälle auch später noch eingefügt werden können. Der Gewinn einer Mind-Map liegt besonders im Herausstellen der relevanten Begriffe. Am wichtigsten sind die Hauptäste, die Verzweigungen zeigen die relative Bedeutung eines Gedankens; Sie können sehen, welche Gedanken gut entwickelt sind und welche nicht.

5 Der Schreibprozess: Auf dem Weg zum präzisen und klaren Text

Hier das Beispiel einer noch wenig differenzierten Mind-Map zu „Schreiben":

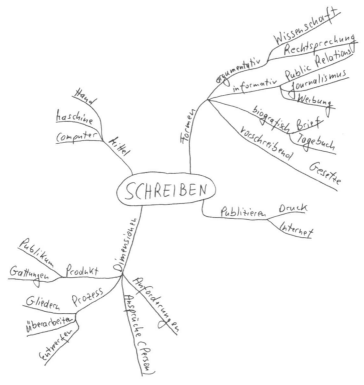

Haben sich Ihre Gedanken zur visualisierten Struktur einer differenzierten Mind-Map geordnet, lässt sie sich zu einer Arbeitsgliederung umformen: Überlegen Sie, in welcher Reihenfolge die inhaltlichen Hauptaspekte (die Hauptäste der Mind-Map) dargestellt werden sollten. Das ergibt die Haupteinteilungen Ihrer Arbeitsgliederung, das heißt deren oberste Ebene (Teile, Kapitel). Entsprechend ergeben die Nebenäste und die davon abzweigenden ‚Blätter' die Unterkapitel und Abschnitte (wenn diese so benannt sind).

Als Gliederungsweise empfehle ich Ihnen das leicht anzuwendende System der Dezimalklassifizierung, dessen fast unbegrenzte Untergliederungsmöglichkeit Sie beim Entwickeln einer Arbeitsgliederung einsetzen können und mit dem sich argumentative Abhängigkeiten gut zeigen lassen. Die Teile oder Kapitel Ihres Textes (die oberste Gliederungsebene) beginnen mit 1 und werden fortlaufend nummeriert; jede nachgeordnete Stufe beginnt erneut mit 1. Nach jeder Zahl steht ein Punkt, ein Schlusspunkt entfällt aber (Theisen 2008, 102f.). Eine Textgliederung kann also beispielsweise so aussehen wie diejenige dieser Anleitung.

Skizzieren und ‚roter Faden'

Clustering und Mind-Mapping sind gut geeignet, zu Elementen zu kommen, aus denen sich die Gliederung zusammensetzen wird. Weniger effektiv sind diese Techniken, diese Elemente hierarchisch zu ordnen. Assoziieren geschieht vornehmlich simultan/synchron, während ein Text eine Abfolge ist, linear/diachron, die dem analysierten Zusammenhang in der Sache entsprechen soll. Für das vorläufige, tastende Suchen nach diesem Zusammenhang ist eine andere Arbeitstechnik geeignet, die Sie parallel zu Clustering und Mind-Mapping einsetzen können: Skizzieren. Clustering und Mind-Mapping stützen sich auf das sprunghafte Assoziieren, Skizzieren ist dem linearen Darstellen eines Gedankengangs angemessen.

Skizzieren heißt, etwas vorläufig festzuhalten, aber auch etwas, das erst später genau festgelegt wird, zu entwerfen, ihm Umriss zu geben und damit vorzubereiten. Als Arbeitstechnik, die sich in der Spannung zwischen „Im Entstehen" und „Bereits da" bewegt, ist das Skizzieren in jeder Schreibphase einsetzbar. Hier, beim Entwickeln einer Arbeitsgliederung, dient das Skizzieren der Entdeckung und Prüfung des ‚roten Fadens' Ihres künftigen Textes, also des gedanklichen Zusammenhangs, den die Textgliederung als Verhältnis von Teilen zu einem Ganzen wiedergibt. Die Gliederung soll den Lesern das Nachvollziehen des Gedankengangs erleichtern und ist von diesem abhängig. Skizzieren bewirkt, dass durch das Schreiben Ihr Gedankengang für Sie selbst kenntlicher wird als allein in der gedanklichen Beschäftigung damit. Immer dann, wenn etwas unklarer zu werden droht, als es bereits war, ist Skizzieren angebracht. Nachdenken auf der Basis der Gedächtniskapazität lässt nur einen bestimmten Grad von Komplexität zu. Muss dieser aus sachlichen oder Umfangsgründen überschritten werden, ist es ratsam, zum fixierenden Schreiben überzugehen. Im entwerfenden, entfaltenden Skizzieren können Sie Ihr intellektuelles Vermögen zur analytischen Durchdringung der Sache einsetzen, so dass beim eigentlichen Schreiben Ihnen Ihre ganze Kraft für das Ausformulieren zur Verfügung stehen wird (Perrin/Rosenberger 2008, 53).

Schreiben Sie also eine Skizze, indem Sie zusammenhängend formulieren, wie sich das Thema gegenwärtig für Sie darstellt, auf welchen Stand der Diskussion Sie sich beziehen, was Sie vorhaben zu machen (methodisch) und was Sie sich von den Ergebnissen versprechen. Verstehen Sie diese vorläufige Beschreibung des Standes der Dinge als Quasi-Einleitung Ihres künftigen Textes.

Verlangen Sie von dem entstandenen Text nicht so viel: Sagen Sie sich, dass Sie damit einen Text, dessen letzte Fassung noch in der Zukunft liegt, erst vorbereiten. Ihre Hand sollte auf dem Papier (oder beide Hände auf der Tastatur) nach Möglichkeit leicht laufen, weil es darum geht, die Gedanken, die Sie sich schon gemacht haben, zusammenhängend aufzuschreiben.

Vom Skizzieren ist hier überwiegend in einem übertragenen Sinn die Rede, als Schreiben eines Entwurfs. Sie können aber auch im wörtlichen Sinn skizzieren, indem Sie eine Freihandzeichnung zur aktuellen Struktur Ihres Gedankengangs anfertigen, mit Hauptachsen und Seitenpfaden, zentralen Punkten und Ergänzungen, Verbindungspfeilen und offenen Flanken.

Eine ausführliche Arbeitsgliederung

Die Arbeitsgliederung soll Ihnen eine Hilfe sein, zu einer ersten Fassung Ihres vollständigen Textes zu kommen. In erster Linie soll sie Ihnen das Schreiben erleichtern – sie ist noch nicht dazu bestimmt, zukünftige Leser beim Rezipieren Ihrer Gedanken zu unterstützen. Die Arbeitsgliederung kann die schreibfördernde Wirkung entfalten, wenn Sie sie so differenziert ausformulieren wie möglich. Seien Sie ausführlich im Entwickeln von Einteilungen; die Arbeitsgliederung sollte viel mehr Einteilungen (Teile, Kapitel, Unterkapitel, Abschnitte, Zwischentitel) haben, als sie für eine endgültige Gliederung empfehlenswert sind. Es ist viel leichter, solche Einteilungen später zu streichen oder zusammenzuführen als weitere in den Text einzufügen, wenn sie erforderlich werden sollten. Jeder Punkt in einer solch überausführlichen Gliederung umfasst dann nur einige wenige Gedanken und Aspekte, für die konkrete Formulierungen zu finden erheblich leichter ist als für komplexe Textteile, die einen gewissen Umfang haben (Theisen 2008, 101).

Je genauer die Arbeitsgliederung ist, desto einfacher wird das eigentliche Schreiben für Sie. Streben Sie nach möglichst vielen Gliederungspunkten auf der obersten, der wichtigsten Ebene mit den Haupteinteilungen; sie entsprechen den begrifflichen Facetten Ihres Themas. Zu jedem Gliederungspunkt der untersten Ebene sollten von Ihnen nur noch ein paar Sätze zu schreiben sein. Streben Sie also auch hier nach Differenzierungen. Das Schreiben wird recht einfach, wenn Sie schon bereit stehende, passende ‚Fächer' mit Gedanken zu füllen haben.

Die Gliederung der letzten Fassung wird (später) eine Lesegliederung sein, für die kommunikative Prinzipien gelten, da es um die Darstellung von Wissen geht. Dabei gelten andere Prinzipien als für die Arbeitsgliederung, die ein Hilfsmittel zum Schreiben sein soll. Aktuell, bei der Arbeitsgliederung, sind Form und Proportionen weniger wichtig als das Finden vorläufiger Strukturen in den eigenen Gedankengängen. Die Arbeitsgliederung ist ein Rohkonzept, das den Stand Ihrer Überlegungen zur Fragestellung in ein ordnendes Schema bringt. Für die Gliederung der letzten Fassung wird Lesbarkeit (für andere) leitend sein, für die Arbeitsgliederung, das Grundgerüst für die erste Fassung, ist es Schreibbarkeit (für Sie selbst). Erst ganz am Schluss des Schreibprozesses, im Arbeitsschritt des Redigierens, wird aus der überarbeiteten und dadurch sicher gewordenen Gliederung ein übersichtliches Inhaltsverzeichnis als deren optische Aufbereitung.

Haben Sie eine differenzierte Gliederung des künftigen Textes, können Sie bereits früh im Schreibprozess die wahrscheinliche Seitenzahl der einzelnen Teile abschätzen und den Textumfang ungefähr ausrechnen. Dies hat große Vorteile. Gilt eine vorgegebene Obergrenze für den Umfang der letzten Fassung? Oder haben Sie einen festen Abgabetermin? Sie erhalten mit einer Kalkulation der Länge wichtige Hinweise auf den für das Schreiben nötigen Zeitaufwand, was dazu führen kann, den Umfang dessen, was Sie darstellen werden, einzuschränken, damit der Text in der zur Verfügung stehenden Zeit realisierbar bleibt. (Ich verweise auf die Beispielrechnung am Anfang von Kapitel 2.) Ebenso wichtig: Bedenken Sie auch das Verhältnis der Kapitellängen zueinander, die

Textproportionen. Da Sie auf dem gegenwärtigen Stand Ihres Vorhabens über den Inhalt der ersten Kapitel mehr wissen als über den der späteren, diese aber vermutlich sachlich wichtiger sein werden als die ersten, besteht die Gefahr, dass die ersten Kapitel zu lang und Sie bei den späteren in Zeitnot geraten (Wolcott 1990, 17).

Während Sie die Arbeitsgliederung ausarbeiten, sollten Sie sich auch dabei schriftlich begleiten, indem Sie Ihre Gedanken aufschreiben. Einen Extrakt Ihrer eigenen Kommentare zur Gliederung können Sie der ausgereiften Arbeitsgliederung beilegen, wenn Sie diese mit Kollegen und Freunden besprechen. Dies gilt auch für das wichtige (aus meiner Sicht obligatorische) Gespräch mit Ihrem Betreuer, das Sie suchen sollten, um sich die Gliederung ‚absegnen' zu lassen.

5.3 Erste Fassung: Die Gedanken fixieren

5.3.1 Fließtext schreiben

Das nächste Zwischenziel ist eine erste, vorläufige, aber vollständige Fassung Ihres Textes. Sie dient dazu, all das Material, das Sie gesammelt und analysiert, geordnet und gegliedert oder auf andere Weise vorbereitet haben, aus dem Kopf zu Papier zu bringen. Dieses Fixieren ist ein Loswerden, ein Befreien, das den Druck mindert, der von den Anforderungen an die letzte Fassung ausgeht. Konzentrieren Sie sich während dieser Schreibphase darauf, das vorbereitete Material in einem fortlaufenden Text unterzubringen, den Kern Ihrer Aussagen (den Gehalt) zusammenhängend niederzuschreiben, zunächst ohne inhaltliche oder sprachliche Perfektion (Wolcott 1990, 46; Frank/Haacke/Lahm 2007, 56). Während des Ausformulierens zeigt sich, ob die Arbeitsgliederung tragfähig ist und den von ihr erwarteten Zweck als Schreibhilfe erfüllt: Sie soll wie ein Treppengeländer Sie von einer Stufe zur nächsten leiten – im Doppelsinn von Führen und Sichern.

Schreiben Sie – wörtlich und metaphorisch verstanden – Fließtext mit nur wenigen Formatierungen; seien Sie dabei in der Sache ausführlich, ohne aber weitschweifig zu sein. Streben Sie an, mit dem Text auch Jahre später noch Ihr Vorhaben verstehen zu können, obwohl Sie dann viele Einzelheiten der praktischen Arbeit vergessen haben werden (Pechenik 2001, 8).

Wenn Sie mit dem Schreiben beginnen, haben Sie auf der Basis der vorangegangenen Arbeitsschritte Antworten (zunächst vorläufige) auf Fragen wie: „Von welcher Fragestellung bin ich ausgegangen? Welche Erwartungen hatte ich hinsichtlich der Lösung? Wie sieht sie konkret aus? Warum ist sie interessant?" Die erste Fassung dient gleichsam einer Selbstvergewisserung (Franck 2008, 176). Sie schreiben sie für sich selbst, noch nicht für eine Öffentlichkeit: „So stellt sich mir die Sache dar; ich schreibe auf, was mir jetzt richtig und schlüssig erscheint." Da etwas Eigenes, von Ihnen Geschaffenes entstehen soll, ist es wichtig, nicht allzu streng mit sich umzugehen. Konzentrieren Sie sich darauf, ins Schreiben zu finden. (Schreibprobleme sind meist Probleme mit dem Anfangen.)

Was Sie darstellen wollen, wird mit großer Wahrscheinlichkeit unter einen oder mehrere der folgenden Punkte fallen (Day 1996, 24):

- Sie wollen den aktuellen Wissensstand mit neuen Befunden erweitern.
- Sie wollen den aktuellen Wissensstand durch einen neuen Denkansatz erweitern.
- Sie wollen eine Schwäche im aktuellen Wissensstand herausstellen.
- Sie wollen eine neue Weise zeigen, den aktuellen Wissensstand anzuwenden.

Examensarbeiten sollen vornehmlich Methodenkenntnis nachweisen, ein tatsächlicher Beitrag zur Erweiterung des disziplinären Wissensstandes muss mit ihnen nicht geleistet werden. Wegen des Öffentlichkeitscharakters der Wissenschaft soll die letzte Fassung aber so aussehen, als ob sie zur Publikation vorgesehen sei.

Das ‚Fachwerk' der Arbeitsgliederung füllen

Sie haben in der vorangegangenen Schreibphase eine detaillierte, tief gestaffelte Arbeitsgliederung entwickelt, die den Gedankengang, den Sie darstellen wollen, stark vorstrukturiert. Das Fließtext-Schreiben besteht somit darin, die ‚Fächer' der Gliederung mit zusammenhängenden Passagen zu füllen. Haben die zu schreibenden Passagen einen größeren Umfang, so können Sie für jeden anstehenden Gliederungspunkt eine detaillierte Skizze schreiben, mit der Sie dem konkreten Formulieren um einige Arbeitsstunden voraus sind.

Setzen Sie sich ein realistisches Ziel für jede Schreibsitzung und beenden Sie diese erst, wenn Sie es umgesetzt haben. Können Sie das geplante Schreibziel einmal nicht erreichen, so schreiben Sie den fehlenden Teil in Skizzenform auf. Realisierte Teilziele stellen zufrieden, und das anhaltend, wenn Sie nach jeder Schreibsitzung ein befreiendes Häkchen für „Erledigt" hinter das Pensum setzen können, das Sie sich vorgenommen hatten.

Lassen Sie die Teilziele der Schreibsitzungen aber nicht mit den Gliederungspunkten zusammenfallen, sondern hören Sie mitten in einem Gliederungspunkt auf oder schreiben Sie über den gerade ausformulierten hinaus etwas weiter, noch ein paar Sätze zum folgenden. Das offene Ende wird Sie beim Fortsetzen am nächsten Tag mit sanftem Zug wieder in den Gedankengang hinein- und weiterziehen (Wolcott 1990, 41; Alley 1996, 243; Matthews/Bowen/ Matthews 2000, 29).

Mit dem Hauptteil beginnen

Ein Exposé, eine Projektskizze, einen Förderantrag oder etwas Ähnliches haben Sie vermutlich geschrieben vor Beginn der praktischen Forschungsarbeit; während dieser Zeit sind wohl weitere Texte entstanden, die im ersten und zweiten Arbeitsschritt geordnet wurden und in die Arbeitsgliederung eingeflossen sind. Diese Schreibvorbereitungen vergegenwärtigten den aktuellen Stand Ihrer analysierenden Auseinandersetzung mit dem Thema. Sie stehen also nicht völlig am Anfang und Sie sollten auch nicht mit dem Schreiben des späteren Textanfangs beginnen.

Wenn Sie das Schreiben der ersten Fassung mit der Einleitung beginnen, ist die Gefahr groß, dass Sie einen zu weiten Rahmen abstecken, weil Hauptteil und Schluss noch nicht ausformuliert sind. Sinn der Einleitung ist es beispielsweise nicht, alle Literatur darzustellen, die sich im Lauf der Zeit angesammelt hat. Eine solche Übersicht wird zu lang, dominiert dadurch die Einleitung und ermüdet die Leser. Ihr Text verlöre an Prägnanz.

Schreiben Sie die Textteile nicht in der Reihenfolge, in der sie später – das heißt von anderen – gelesen werden, sondern in der für das Verfassen jetzt – also für Sie – günstigsten. Schreiben Sie zuerst den Hauptteil des Textes, in dem Sie das Bearbeiten der Fragestellung, Ihre Sache also, darstellen (Frank/Haacke/Lahm 2007, 57). Der Hauptteil wird den größten Umfang im Text einnehmen und mit ihm haben Sie das Wesentliche geschafft. Daran schließen Sie das resümierende Bewerten Ihrer Ergebnisse an, den Schluss. Erst danach sollten Sie die Einleitung schreiben, denn erst jetzt haben Sie eine konkrete Vorstellung vom ganzen Text, der eingeleitet werden soll, so dass Sie weder zu viel noch zu wenig hineinpacken (Zerubavel 2001, 54). Gehen Sie in dieser Reihenfolge vor, ziehen Sie wachsende Sicherheit aus dem, was bereits schriftlich fixiert worden ist: Ihr Schreiben kommt ins Rollen.

Schreibmaximen

Schreiben Sie die erste Fassung unter Leitsätzen wie „Was ich wirklich denke über das Thema, ist ..." oder „Ich möchte mehr Klarheit haben über ..."; sie soll die Unklarheiten in der Sache beseitigen (Becker 2000, 34). Drängen Sie die Vorstellung eines (kritischen, beurteilenden) Lesers zurück und entwerten Sie nicht sofort, was Sie geschrieben haben. Um überhaupt etwas zusammenhängend schreiben zu können, müssen Sie sich eine Weile mit der Materie beschäftigt haben; das Geschriebene ist meist gar nicht so übel, was sich vielleicht erst herausstellt, wenn Sie ein wenig Abstand gewonnen haben. Schreiben Sie also weiter, setzen Sie nicht neu an und überarbeiten Sie nicht gleich.

Die erste Fassung soll Antworten liefern auf die Frage: „Was will ich eigentlich sagen?" Versuchen Sie, diesen Gehalt nicht gleich auch richtig darstellen zu wollen („Wie kann ich es überzeugend sagen?"). Sie können beispielsweise schreiben: „Ich fange jetzt an und bleibe im Schreiben; ich denke nicht über Sprache und Formalien nach, während ich schreibe; ich schreibe jetzt den Inhalt dieses Abschnitts." Schreiben Sie scheinbar ‚nichts sagende' Sätze wie diese wo immer Sie wollen in Ihren Text, denn mit ihnen können Sie ins Schreiben finden oder eine Stockung überwinden. In der Überarbeitungsphase können Sie solche schreibfördernden

Sätze dann wieder streichen, mit denen Sie sich selbst dabei unterstützt haben, einen Text zustande zu bringen.

Lassen Sie sich beim Schreiben nicht aufhalten, wenn an einer Stelle Material fehlt oder an einer anderen eine Interpretation nicht völlig befriedigen sollte. Man kann nicht alles haben oder wissen. Lesen Sie nach einer Denkpause oder einer Unterbrechung nur die letzten zwei, drei Zeilen Ihres Textes, um wieder in den Schreibfluss (und nicht ins Überarbeiten) zu kommen. Wenn es Ihnen eine Hilfe ist, verwenden Sie im Schreiben passende Abkürzungen für häufig gebrauchte Wörter, beispielsweise statt „und" ein „+" oder „&"; für lange Wörter verwenden Sie ebenfalls Abkürzungen oder richten Textbausteine ein. Kommen Sie während des Schreibens an einer Stelle nicht voran, weil sich das treffende Wort, die passende Formulierung nicht einstellen will oder ein neuer inhaltlicher Aspekt auftritt, dann sollten Sie daran nicht hängen bleiben, sondern setzen Sie an diese Stelle einen gut erkenn- und erinnerbaren Platzhalter (beispielsweise „■■■"). Können Sie sich nicht zwischen zwei Worten oder Wendungen entscheiden, dann schreiben Sie zunächst einmal beide hin. Wenn Sie später an diese Stellen zurückkehren, wird Ihnen das angemessene Wort einfallen oder Sie haben eine Lösung für das Problem gefunden (Matthews/Matthews 2008, 52f.). Es kann aber auch sein, dass Sie durch die Weiterarbeit – besonders nach dem Abschluss der ersten Fassung – bereit sein werden, gewisse Schwachstellen Ihrer Darstellung hinzunehmen.

Kommen Sie in der Auseinandersetzung mit den wissenschaftlichen Fragen – dem Hauptzweck der ersten Fassung – zu gewundenen, komplizierten Sätzen, die Ihnen zu lang und den Lesern unzumutbar erscheinen, dann lassen Sie die Bandwurmsätze in dieser Arbeitsphase dennoch stehen. Legen Sie mehr Wert auf das Weiterschreiben. In der Überarbeitungsphase sollten Sie aus ihnen kürzere und klarere Sätze machen. Bis dahin haben Sie im Inhaltlichen mehr Sicherheit (es gibt eine erste vollständige Fassung Ihres Textes) und das Nachbessern fällt leichter.

Vermeiden Sie, vom Schreiben, das Sie begonnen haben, in das Recherchieren, Lesen und Exzerpieren zurückzukehren, etwa, weil Sie durch Stockungen der Meinung sind, noch nicht genug zu wissen. Texte in den Geistes- und Sozialwissenschaften lassen sich nicht ‚herunterschreiben', sondern das Verfassen ist ein Erkenntnisse generierender Prozess, der seine eigene Dynamik entwickelt. Haben Sie sich einmal zum Schreiben der ersten, vollständigen Fassung Ihres Textes entschlossen, so bleiben Sie bei dieser Entscheidung (Zerubavel 2001, 50). Mit einem zwar überarbeitungsbedürftigen, aber integralen Text ist ein verbleibender Bedarf hinsichtlich Recherchieren, Lesen und Exzerpieren besser einzuschätzen.

5.3.2 Zitieren

Wissenschaftstexte sind argumentativ aufgebaut, das heißt, sie sind Beiträge zu einer laufenden Diskussion in einer Gemeinschaft von Fachleuten. Deshalb kommt in der Regel keiner dieser Texte ohne Zitieren anderer Texte als Bezugnehmen auf die Diskussion aus: In originaler Gestalt (Wortlaut) anführen und die Quelle (Fundort, Herkunft) angeben.

Was zitiert wird, lässt sich unterscheiden (verallgemeinert, nicht fachbezogen ausgedrückt) in Primär- und Sekundärquellen. Erstere sind eigenständige Materialien, aus denen Aussagen gewonnen werden und die nicht selbst Elemente der Argumentation sind: Fakten und Belege, die Sie analytisch-interpretatorisch auswerten. Dies können Daten sein, die Sie im Anwenden der fachlichen Methodik gewonnen haben (die also noch nicht für wissenschaftliche Zwecke verarbeitet worden sind) oder Argumente der Fachdiskussion über Fakten und Belege, wenn Sie sich innerhalb theoretischer oder methodischer Fragen bewegen. Sekundärquellen dagegen sind abgeleitete Materialien, die das Gleiche tun wie Sie: Primärquellen bearbeiten.

Direktes und indirektes Zitieren

Zu unterscheiden sind direkte Zitate von indirekten und von Verweisen. Für alle gilt das Gebot der Genauigkeit. Ein direktes Zitat ist eine wörtliche, buchstabengetreue Wiedergabe inklusive aller eventuell gegebenen Schreib- und Sachfehler an der originalen Stelle. Durch ein eingefügtes „[sic]" oder „[!]" hinter dem Fehler markieren Sie, dass Sie ihn erkannt haben. Anfang und Ende werden durch Anführungsstriche kenntlich gemacht. Um ein knapp gehaltenes Zitieren zu ermöglichen, können Auslassungen (Ellipsen) sinnvoll sein; sie dürfen das Zitat aber nicht verfälschen, deshalb müssen sie durch „[…]" gekennzeichnet sein. Ebenso herrscht Kennzeichnungspflicht, wenn Sie, um eine genaue Sinnvermittlung bei einem knapp gehaltenen Zitat zu gewährleisten, Ergänzungen (Interpolationen) in Klammern einfügen.

Auf den Anfang und besonders das Ende eines indirekten Zitats müssen Sie dagegen ausdrücklich hinweisen, da hier Anführungsstriche fehlen. Eine paraphrasierende Wiedergabe der Gedanken anderer darf ebenfalls nicht zu einer Sinnveränderung führen. Die Quellen des paraphrasierten Gedankens können Sie durch ein „Vgl." belegen, während Sie mit „Siehe" auf zusätzliche Wissensbestände verweisen können, die für Ihre Argumentation auch als indirektes Zitat weniger wichtig sind. Damit zeigen Sie, dass Ihr Text einen Ausschnitt aus einem größeren Themengebiet behandelt, in dem Sie sich auskennen. Die Zitierform – direkt, indirekt oder verweisend – signalisiert also auch den Stellenwert des Zitierten in Ihrer Argumentation.

Sparsam zitieren

Zitieren setzt voraus, dass Sie sich von dem, was Sie zitieren, gelöst haben und es als Element im Erörtern einsetzen können. Dies sollte sparsam geschehen, denn der Text soll Ihre Eigenleistung dokumentieren. Setzen Sie direkte Zitate als Belege nur in dem Maße ein, wie Sie sie für Ihre Argumentation benötigen. Zitate können die stilistische Geschlossenheit Ihres Textes stören oder wirken, wenn sie unverarbeitet sind, wie Übernahmen fremder Gedanken. Setzen Sie Zitate nur dann ein, wenn Sie selbst den Gedanken nicht treffender ausdrücken können oder der Stil des Originals erhalten bleiben soll. In einem philologischen Text werden aber mehr Zitate zu finden sein als in einem sozialwissenschaftlichen. Indirekte Zitate können in referierenden Passagen zusammengefasst werden.

Der Umgang mit Zitaten sollte stets analysierend-interpretierend sein. Zitate sollten niemals unkommentiert bleiben und sie sind nicht ohne weiteres aus sich heraus verständlich. Ihre Leser erwarten vielmehr von Ihnen, dass Sie erläutern, wieso das betreffende Zitat ohne weiteres verständlich sei. Zitieren hat nicht den Sinn zu zeigen, dass Sie viel gelesen haben. Versuchen Sie nicht, Eindruck zu machen, verstecken Sie sich aber auch nicht hinter Wällen von Zitaten.

Belegt werden müssen Daten und Fakten sowie die Urheberschaft: Auf wessen Theorie, Erkenntnis, Position stützen Sie sich?

Interpretieren Sie die Argumente anderer, so lässt das Zitieren den anderen Autor oder die diskutierte Theorie selbst zu Wort kommen, wodurch Ihre Interpretation nachvollzieh- und nachprüfbar wird. Zur Nachvollziehbarkeit gehört, dass Sie nur verlässliche Quellen aus erster Hand zitieren, beispielsweise nach Möglichkeit stets in der Originalsprache. Bei selteneren Sprachen können Sie eine Übersetzung hinzufügen.

Zitieren kann auch eine Entlastungsfunktion haben: Sie verweisen auf andere (anerkannte) Arbeiten, um die Begründungen für Argumente nicht selbst noch einmal ausbreiten zu müssen (Franck 2004, 293f.). Zitate lassen sich durch Verweis auf andere auch als zusätzliche Stützen für eigene Ergebnisse und Auffassungen einsetzen. Sie können auch dramaturgisch zur Illustration oder als Pointe verwendet werden. Nicht zitieren sollten Sie, was trivial oder Teil der Allgemeinbildung ist oder leicht nachgeschlagen werden kann sowie, was als Wissen in Ihrer Fachdisziplin selbstverständlich ist; als Richtmaß kann gelten, was Absolventen Ihres Fachs wissen dürften.

Kurzbeleg und Literaturverzeichnis

Die Angaben, mit denen Sie die Zitate versehen – eventuell im Zusammenspiel mit dem Literaturverzeichnis –, sollen vollständig sein, so dass die Leser auf die Ursprungsstelle zurückgehen können. Eindeutig hervorgehen sollte, wer wann und wo die zitierte Aussage gemacht hat. Zitate werden nach festgelegten, für die Fachdiskussion geltenden Regeln belegt, mit denen die Auffindbarkeit gewährleistet wird. Diese Regeln in Ihren Text einzuarbeiten ist Teil der Schreibphase „Redigieren". Während des Schreibens der ersten Fassung kann es hilfreich sein, die Zitierregeln noch nicht im Detail zu befolgen, damit Sie sich auf den Kern der Aussagen konzentrieren können. Gesichert aber sein muss, dass mit den verwendeten Kürzeln eine spätere Vervollständigung zu genauen Quellenangaben möglich ist. Wichtig ist besonders die Seitenzahl; Seitenwechsel im Zitierten werden durch ein zusätzliches „f." für „folgende" kenntlich gemacht.

Eine schreibfreundliche, weit verbreitete Zitierweise in letzten Fassungen ist der Kurzbeleg nach dem Zitat, entweder in Klammern im fortlaufenden Text oder als Fußnote am Seitenende. Er setzt sich aus dem Nachnamen des Autors/Herausgebers oder der Autoren/Herausgeber, dem Publikationsjahr und der Seitenzahl zusammen. Fiktive Beispiele: „[Hier steht der Text, den Sie zitieren]" (Müller/Meyer 2006, [Seitenzahl]) oder: „[Hier steht der zitierte Text]."[**] (Fußnoten werden meist fortlaufend nummeriert.) Indirekt zitierte, deshalb im Konjunktiv und ohne Anführungszeichen wiedergegebene Passagen werden nach gleichem Muster mit vorangestelltem „Vgl." belegt. Kurzbelege erfordern als Ergänzung ein Literaturverzeichnis mit vollständigen Quellenangaben. Diese Anleitung weicht von den vorgestellten allgemeinen Zitierregeln ab, denn sie ist kein argumentativ aufgebauter, wissensorientierter Text, sondern dient praktischen Zwecken.

Wenn Sie Kurzbelege verwenden, entsteht kein separater Anmerkungsteil mit ausformulierten Fußnoten. Bei diesen besteht eine gewisse Gefahr, dass sie sich verselbständigen, indem in ihnen über das Belegen von Zitaten auch Diskussionen zu Nebenaspekten der Forschungsliteratur geführt werden. Strikte Regeln für den Umfang von Fußnoten gibt es nicht, doch sollten Sie darauf achten, dass Ihre Argumentation stets im Haupttext entwickelt wird und weitere Gedanken in den Fußnoten nur punktuelle Ergänzungen zu einzelnen ihrer Facetten bleiben.

[**] Müller/Meyer 2006, [Seitenzahl].

Das Literaturverzeichnis, dessen Umfang vom Thema abhängt, nennt (meist alphabetisch) geordnet alle Quellen, die verwendet wurden, und zwar so, dass diese für die Leser überschaubar und auf Wunsch auffindbar sind. Alle dafür notwendigen Angaben, die je nach Art der Quelle verschieden sein können, sollten Sie machen. Besonders häufig zu belegen sind Bücher und Aufsätze:

- Bücher: Name, Vorname des Autors/Herausgebers, Publikationsjahr in Klammern, Titel, eventuell Angaben zur Auflage oder zur Bandzahl, Publikationsort(e), Verlag. – Beispiel: Standop, Ewald/Meyer, Matthias L. G. (2008), Die Form der wissenschaftlichen Arbeit. Grundlagen, Technik und Praxis für Schule, Studium und Beruf, 18., bearb. und erw. Aufl., Wiebelsheim: Quelle und Meyer.
- Aufsätze: Name, Vorname des Autors, Publikationsjahr in Klammern, Titel, „in:" (wenn der Text in einem Buch publiziert wurde), Angabe der Quelle (beispielsweise Zeitschriftentitel, Nummer des Jahrgangs), Seitenangabe. – Beispiel: Flower, Linda/Hayes, John R. (1981), A Cognitive Process Theory of Writing, College Composition and Communication 32, S. 365 – 387.

Internet-Dokumente werden wie Aufsätze aus Zeitschriften belegt; Fundort ist die Adresse (URL, Uniform Ressource Locator), eine Seitenzahl wird nicht angegeben, aber das Datum des letzten Zugriffs genannt. Da sich Adressen und Dokumente im Internet schnell ändern können, bedeutet die Angabe des letzten Zugriffsdatums: „An diesem Tag war unter dieser URL der zitierte Text zu finden." – Als Beispiel die Verlags-Website: http://www.vs-verlag.de (12. Januar 2010).

Die Passage nach dem Zwischentitel „Kurzbeleg und Literaturverzeichnis" soll Ihnen zu einer grundlegenden Orientierung verhelfen. Die formalen Gestaltungen von Belegen, Quellen- und Literaturangaben weichen zwischen den Fächern stark voneinander ab und können auch innerhalb eines Fachs sehr verschieden sein. Wichtig ist, dass sie am Ende, nach dem Redigieren der letzten Fassung, im gesamten Text einheitlich gestaltet sind (siehe Abschnitt 5.4.3, nach dem Zwischentitel „Sorgfalt bis zum Schluss").

5.3.3 Typische Eigenschaften von Hauptteil, Schluss und Einleitung

Das konkrete Schreiben, das Ausformulieren der ersten Fassung, sollten Sie, wie bereits empfohlen, mit dem Kernstück Ihres Textes beginnen, dem Hauptteil, denn in diesem individuellsten Teil stellen Sie die Bearbeitung der Fragestellung dar. Schluss und Einleitung umrahmen dieses Kernstück und können aus diesem Grund zurückgestellt werden.

Rückschauend durchaus idealisieren

Der Hauptteil beschreibt in der Rückschau, wie Sie die gewählte Methode auf das Material angewendet haben und zu welchen Ergebnissen Sie gekommen sind. Ihre Leser sind vornehmlich daran interessiert, welche Lösungen Sie für das aufgeworfene Problem gefunden haben. Umwege, Irrwege und Sackgassen, die Sie während der praktischen Forschungsarbeit ‚erlitten' hatten, interessieren Ihre Leser nicht, soweit diese nicht zur Beantwortung der Fragestellung beigetragen haben. Streben Sie deshalb eine idealisierende Darstellung an, die retrospektiv den Hauptweg oder (wenn das sachlich geboten ist) mehrere Wege zur Lösung darstellt. Ihr Text sollte eine lückenlose, widerspruchsfreie Kette von Argumenten und Belegen sein (Bänsch 2008, 2).

Häufige Textmuster

Texte sind eine Reihenfolge von Sätzen, mit denen sich ein Gedanken-‚Bild' aufbaut. Dieses sollte, als Ganzes gesehen, einem bestimmten, dem Thema angemessenen Muster folgen. Welches zeichnet sich während des Schreibens ab? Welches bewährt sich im Ausformulieren der Arbeitsgliederung? Häufig anzutreffende Muster sind (Matthews/Bowen/Matthews 2000, 14; Stickel-Wolf/Stickel 2009, 184f.):

- Allgemeines und Spezielles/Besonderes: Als deduktive Reihenfolge vom Allgemeinen zum Speziellen; allgemeine, übergeordnete Gesichtspunkte strukturieren Details oder Beispiele. Dieses Darstellungsmuster ist in Wissenschaftstexten häufig anzutreffen. – Oder als induktive Reihenfolge; vom Speziellen zum Allgemeinen, etwa durch das Ausgehen von einem Einzelbeispiel, das auf Übergeordnetes verweist.
- Relevanz: Mit weniger Wichtigem beginnen und zum Wichtigen kommen (auf-) oder in der umgekehrten Richtung (absteigend).
- Chronologie: Vom ältesten zum neuesten Beleg/Faktum/Ergebnis – oder umgekehrt.
- Ursache und Wirkung: Von den auslösenden Momenten zu ihren Folgen – oder umgekehrt.

- Bekanntes und Unbekanntes, Einfaches und Komplexes: Vom einen zum anderen – oder umgekehrt.
- Gleichheit und Unterschiede: Zuerst das eine behandeln, dann das andere – oder umgekehrt.
- Prozesshaftes Vorgehen: Gemäß einem Wandel, der nicht chronologisch verstanden sein muss; beispielsweise dialektisch: These, Antithese, Synthese.

Zurückgewinnen eines erweiterten Blicks

Im Schlussteil erwarten Ihre Leser, dass Sie Ihre Arbeit, deren Ergebnisse im Hauptteil dargestellt sind, zusammenfassend diskutieren, bewerten und daraus Folgerungen ziehen. Das bedeutet, dass er mehr sein soll als nur eine Zusammenfassung des Hauptteils.

Fügen Sie in den Schlussteil auf jeden Fall aber eine Zusammenfassung Ihrer Ergebnisse ein. Bei Qualifikationsschriften wie Examens- und Doktorarbeiten ist oft ein eigener Gliederungspunkt „Zusammenfassung" verbindlich; konsultieren Sie Ihren Betreuer und vergewissern Sie sich durch einen Blick in die Prüfungs- oder Promotionsordnung. Aber auch als integrales Element der Arbeitstechnik „Schreiben" sind Zusammenfassungen (etwa am Ende längerer Kapitel) empfehlenswert, denn Sie führen darin Ihre Ergebnisse in konzentrierter Form zusammen und können dabei Lücken, Brüche, Abschweifungen und unausgewogene Proportionen erkennen. Zusammenfassungen wirken wie letzte Inhaltskontrollen.

Reformulieren Sie im Schlussteil den Ausgangspunkt (die Fragestellung) und die Antwort darauf. Streben Sie eine Entsprechung zwischen Fragestellung und Lösung an: Das Verhältnis darf weder so aussehen, als ob Aspekte der Fragestellung nicht beantwortet wurden, noch so, dass die Ergebnisse die Fragestellung verfehlten. Der Schlussteil sollte auch keine weiteren (neuen) Ergebnisse enthalten.

In der Einleitung (zu der, meiner Empfehlung entsprechend, im Augenblick nur Vorstufen existieren) leiten Sie aus einem weiten Feld der Theoriediskussion zum Thema eine eng gefasste, handhabbare Fragestellung ab; im Schlussteil gehen Sie den umgekehrten Weg und stellen Ihre Ergebnisse (deren Interpretationen und die Folgerungen) wieder in ein weites Feld zurück: Wie sieht die Situation nun aus, von der Sie ausgegangen waren?

Die Ergebnisse erörtern

Diskutieren und bewerten Sie Ihre Ergebnisse; zeigen Sie im Schlussteil Ihres Textes, welchen Fortschritt Ihre Arbeit darstellt. Alle Ihre Aussagen dazu müssen von den konkreten Ergebnissen im Hauptteil gedeckt sein. Zum Argumentieren gehört auch, dass Sie den sachlichen Rang Ihrer Ergebnisse einzustufen in der Lage sind: Erörtern Sie also auch die Einschränkungen hinsichtlich der Gültigkeit, die Sie zugestehen müssen, gegeben etwa durch die Grenzen der Methodik oder durch implizite Aspekte der Fragestellung, die im Rahmen Ihrer Untersuchung nicht behandelt werden konnten.

Jede Forschung sucht Antworten auf Fragen, stellt am Ende aber wieder neue, auf die sie noch keine Antworten hat. Beschreiben Sie im Schlussteil in einem Ausblick auch, was aus Ihrer Sicht an neuem Forschungsbedarf aus Ihren Ergebnissen folgt und in welche Richtung (Implikationen/Folgerungen) sich die Diskussion in der Fachwelt entwickeln sollte.

Elemente der Einleitung

Auf der Basis des ausformulierten Haupt- und Schlussteils schreiben Sie die Einleitung. Die Leser erwarten darin Antworten auf Fragen wie: „Warum gibt es diesen Text? Was will er? Welches Ziel hat der Autor? Was bringt mir dieser Text?" Von Anfang an nehmen die Leser eine argumentierende Haltung ein. Also sollten Sie das auch tun.

Für die Einleitung werden Sie vergleichsweise viele Vorarbeiten haben, denn ein Exposé beschreibt ein Vorhaben als Plan, in das die Einleitung in der Rückschau als realisiertes einführt. Sie setzt sich in Wissenschaftstexten standardisiert aus den folgenden Elementen zusammen:

1 Führen Sie in das Thema ein über Relevanz und eventuell Praxisbezug:
   Dies kann (soweit angemessen) geleistet werden durch Nennen eines aktuellen Kontextes oder Beispiels, durch ein treffendes Zitat, durch Fragen, die auf das Untersuchungsgebiet und die Fragestellung hinführen, durch eine provokante Behauptung, die die Leser wach macht. Auch wenn Sie sich längere Zeit mit der Theoriediskussion Ihres Fachs beschäftigt haben und diese Ihnen sehr präsent ist, sollten Sie nicht sofort mit dieser Diskussion beginnen, sondern eingangs kurz etwas über das schreiben, was die Theorie erklären will.
2 Fokussieren Sie auf die Fragestellung durch Bezug auf den Theorierahmen:
   Indem Sie von einem Vorgang oder einem Phänomen der Lebenspraxis zur Formulierung einer Fragestellung übergehen, treten Sie in die Theoriediskussion ein. Die Fragestellung muss neuartig sein. Zeigen Sie Bedeutung und Stellenwert Ihres

konkreten Themas hier in einem größeren Kontext auf. Mit und nach diesem Punkt werden Sie sich ausschließlich im Rahmen des Fachs bewegen, so lange, bis Sie im Schlussteil wieder einen Bogen zurück zur Praxis schlagen, wenn Sie verdeutlichen, in welchem Maß Ihre Antwort auf die Fragestellung zur Erklärung des Vorgangs oder Phänomens beigetragen hat, von dem Sie ausgegangen sind.

3 Stellen Sie den Stand der Forschung über eine Literaturanalyse dar:
Die Struktur des Literaturberichts sollte problembezogen sein, nicht chronologisch, nicht nach Autoren oder Publikationen geordnet. Bringen Sie hier aber noch keine eigenen Ergebnisse.

4 Entwickeln und erläutern Sie Ihren theoretischen Ansatz, leiten Sie Thesen ab (die Ziele der Arbeit), rechtfertigen Sie die Fragestellung und grenzen Sie diese ein.

5 Geben Sie Begriffsbestimmungen (Definitionen und Erläuterungen).

6 Beschreiben Sie Ihren methodischen Weg, um zu Ergebnissen zu kommen (auch das wirkt eingrenzend), und die Daten-/Quellenlage.

7 Geben Sie einen Überblick über den Aufbau Ihres Textes (wie Sie die Durchführung des Vorhabens darstellen wollen) und begründen Sie diesen.

5.4 Überarbeiten: Mehrfach optimieren

5.4.1 Gehalt und Darstellung gesondert verbessern

Das Entfalten der Argumentation im Einzelnen ist die vermutlich zeitintensivste Phase im Schreibprozess. Alle Kapitel Ihres Textes liegen danach in erster Fassung vor. Hilfsmittel beim Schreiben war, sie in der dafür günstigsten Reihenfolge zu verfassen. Jetzt gilt es, die Kapitel in der Lesereihenfolge durch überleitende Sätze und Passagen zu verbinden und zu überarbeiten. Manches, vielleicht vieles an Ihrem Text wird noch nicht zu 100% Ihren Vorstellungen entsprechen. Belohnen Sie sich aber unbedingt dafür, dieses wichtige Zwischenziel – den Abschluss der ersten Fassung – in Ihrem Zeitplan mit einem befreienden Häkchen für „Erledigt" versehen zu können.

Das Abschließen einer ersten, vollständigen Fassung Ihres Textes ist der wichtigste Meilenstein im mehrstufigen Schreibprozess. Ein weiteres Stück Weg zum Ziel liegt noch vor Ihnen, der große Unterschied zur Situation vor und während des Schreibens der ersten Fassung ist aber, dass Sie künftig überwiegend mit Eigenem beschäftigt sein werden. Mag Ihr Text auch teilweise noch provisorisch sein – die weitere Arbeit dürfte leichter fallen. Dazu trägt bei, dass Sie den Vorteil regelmäßigen, gewohnheitsmäßigen Schreibens nach einem Zeitplan unter günstigen Rahmenbedingungen erlebt und schätzen gelernt haben. Halten Sie daran fest und arbeiten Sie mit gleicher Konzentration weiter. Überarbeiten ist anspruchsvoll und braucht wie das Schreiben seine Zeit. Nur mit hinreichend viel ‚Luft' können Sie das Potenzial jeder Arbeitsphase ausschöpfen.

Überarbeiten heißt umschreiben

Wie ein Maler ein paar Schritte zurücktritt, um sein entstehendes Bild, nachdem es schon weit fortgeschritten ist, prüfend zu betrachten, dann etwas verändert, wegnimmt oder ergänzt, ist das Überarbeiten ein Zurücktreten des Autors, um den eigenen Text wie mit den Augen anderer zu sehen. Er prüft dabei die Wirkung, ob schon erreicht ist, was und wie er darstellen möchte, und revidiert dann den Text, um ihn zu optimieren.

Wissenschaftstexte werden nicht geschrieben, sie werden umgeschrieben (Becker 2000, 21 und 217). Überarbeiten ist die Regel, nicht die Ausnahme. Die letzte Fassung, die eine reife sein soll, wird durch mehrfaches Überarbeiten der ersten erreicht, die eine unreife sein darf. Nur wenige Forscher können leicht schreiben, aber viele können gut überarbeiten. Autoren, die hinreichend präzise und klar, ‚gut' schreiben, sind nicht begabter als andere, sie waren nur bereit, ihre Texte öfter als andere zu überarbeiten. Davon erfährt man in der Regel nichts, weil man nur das Resultat des Schreibprozesses, die in dieser Anleitung viel zitierte letzte Fassung, in die Hand bekommt. Erfährt ein Text mehrere Überarbeitungen, so ist das kein Zeichen von Schwäche beim Autor, sondern ein Beweis seines Strebens nach Präzision und Klarheit. Überarbeiten heißt keineswegs, den Text zu verbessern, weil er schlecht ist, sondern es heißt auch, festzustellen, was an der ersten Fassung gut und gelungen ist. Vielleicht entdecken Sie neue inhaltliche Möglichkeiten, beispielsweise weitere Differenzierungen in der Interpretation Ihrer Ergebnisse, statt nur Fehler, die korrigiert werden müssen. Auch im Überarbeiten sind Sie weiter mit den Sachfragen beschäftigt, nun aber auf Ihrem eigenen Gebiet.

Für das Verbessern Ihres Textes ist eine andere Einstellung erforderlich als während des Schreibens seiner ersten Fassung. Schreiben ist etwas Kreatives, indem Sie einen Text formulieren, ihn ‚machen': Sie blicken vorwärts. Überarbeiten dagegen ist etwas Analytisches, indem Sie diesen Text prüfen und verändern, ihn ‚bauen': Sie blicken rückwärts (Wolcott 1990, 43). Man kann lesen, ohne zu schreiben, aber nicht schreiben, ohne zu lesen. Für das Überarbeiten braucht es Maßstäbe und Kriterien. Eine Reihe von

Checklisten finden Sie in diesem Kapitel. Während des Schreibens der ersten Fassung halten (selbst-)kritische Blicke Ihr Vorankommen auf, können Ihre Produktivität stören und behindern. Erst danach, wenn es die erste Fassung des vollständigen Textes gibt, sind Checklisten sinnvoll.

Den vertrauten Text neu sehen

Revidieren bedeutet wörtlich: Wiederansehen. Bevor Sie Ihren Text aus der Hand geben, sollte er einen ersten guten Leser schon gehabt haben – Sie selbst. Überarbeiten verlangt einen Lesestil, als ob jemand anderes Ihren Text geschrieben hätte, als ob Sie ein anderer Studierender oder ein Fachkollege wären. Um einen frischen Blick auf den vertraut gewordenen Text zu bekommen, bei dem Sie immer wieder vielleicht lange und mühsam um Formulierungen gerungen haben, um also überhaupt wieder mit den Augen zu lesen, das, was tatsächlich dasteht (Alley 1996, 247f.; Perrin/Rosenberger 2008, 111), können Sie:

- Ihren Text ein paar Tage liegen lassen und während dieser Zeit andere Arbeiten erledigen. (Hier bewährt sich einmal mehr das Planen.)
- Schriftart, -schnitt, -größe, Zeilenabstand, Seitenformat oder andere Formateigenschaften ändern. Durch die neuen Proportionen (beispielsweise dreispaltig im Querformat ausgedruckt) sieht Ihr Text wie ein anderer aus.
- In einer ungewohnten Umgebung lesen (Café, eine fachfremde Bibliothek, unter freiem Himmel …).
- Lesen Sie sich Ihren eigenen Text laut vor, so dass er akustisch für Sie verständlich ist. Hören Sie sich selber zu. Er sollte wie

eine gebildete Konversation klingen. Wo Sie eine Pause im Lesefluss machen, prüfen Sie, ob an diese Stelle ein Satzende fällt. Wenn nein, dann formulieren Sie Ihren Text entsprechend um.
- Lassen Sie den Text in Ihrem Beisein von jemand anderem vorlesen. Die Stellen, an denen der Vorleser hängen bleibt, seinen Lesefluss unterbricht, sollten Sie markieren und anschließend verbessern. Diese Überarbeitungstechnik ist effektiv, weil jeder Autor einen eigenen Sprachrhythmus hat, so dass er selbst seinen Text leicht für gut lesbar hält. Das laute Lesen durch andere macht eine Prüfung möglich, ob andere ihn auch so einschätzen (Wolcott 1990, 46).

Texte lassen sich auch gut durch Abschreiben mit der Hand oder am Computer (Anlegen einer neuen Datei) überarbeiten, das wie sehr langsames Lesen wirkt. Textverbesserungen können Sie dabei ohne Unterbrechung Ihrer gedanklichen Auseinandersetzung mit den Inhalten zu Papier bringen, weil Sie nicht zwischen Lesen und Schreiben wechseln müssen, sondern zugleich mit beidem beschäftigt sind (Perrin/Rosenberger 2008, 93).

Wenn Sie Ihren Text überarbeiten, vergleichen Sie ihn mit den Absichten, die Sie mit ihm erreichen wollen: „Komme ich richtig rüber?" Sie testen ihn, streben an, dass sich Gehalt und Darstellung decken. Deshalb sollten Sie zwei Überarbeitungsebenen unterscheiden:

- Sie ändern etwas am Inhalt, was zu einer anderen Textbedeutung führt. Hier fragen Sie: „Wie soll die Zusammenfassung meines Textes lauten?"
- Sie ändern Wörter, Sätze, Abschnitte, Kapitel, die Gliederung, greifen also in den Bau Ihres Textes ein, um Verständlichkeit

und Lesbarkeit zu verbessern. Dadurch ändert sich die Darstellungsform, aber nicht der Gehalt. Hier fragen Sie: „Wie können die Leser meinem Gedankengang am besten folgen?" Dazu gehört, die (möglicherweise vorhandene) Vielzahl von Ebenen in Ihrer Arbeitsgliederung auf drei bis vier für die Lesegliederung zu begrenzen, da die Textstruktur sonst unübersichtlich ist.

Greifen Sie in Ihren Text an einer Stelle ein, müssen Sie auch alle anderen Stellen ändern, die mit der überarbeiteten zusammenhängen.

Diese beiden Überarbeitungsebenen sollten entzerrt werden. Im besten Falle – als Leitbild – entsteht durch das Überarbeiten ein Text, dem Sie für seinen Gehalt nichts mehr hinzuzufügen brauchen und bei dem Sie zugleich in seiner Darstellung nichts mehr weglassen sollten.

Kommentare einholen

In dieser Arbeitsphase sollten Sie die erste Fassung einer Handvoll Ihnen vertrauter und wohlwollender Personen zum Kommentieren geben. Rückmeldungen sollten Sie sich erst holen, wenn sinnvolle Einheiten vorliegen (größere oder kleinere), hier also, wenn die erste Fassung abgeschlossen ist. Diesen Erstlesern sollten Sie deutlich machen, dass es die erste Fassung Ihres Textes ist, die noch optimiert werden kann und soll. Leser vom Fach sollten besonders auf die inhaltlichen Dimensionen achten; fachfremde Leser haben einen guten Blick für die innere Logik Ihres Textes und seine Gesamtstruktur; eine Kombination aus beiden Lesern ist deshalb von Vorteil. Hören Sie ihnen gut zu, lesen Sie ihre Anmerkungen aufmerksam, und versuchen Sie zu verstehen, wie die für Sie vielleicht überraschenden Eindrücke und Einschätzungen zustande gekommen sind. Arbeiten Sie die Anregungen ein. Es ist möglich, dass die Kommentare verschiedener Personen untereinander nicht zur Deckung kommen und sich sogar widersprechen. Das zeigt ein weiteres Mal, dass zum Schreiben das Entscheiden und das Übernehmen von Verantwortung gehören.

Denken Sie bei der Planung des Schreibens daran, dass Ihre Erstleser Zeit zur Lektüre brauchen; ebenso daran, dass Sie die Rückmeldungen etwa zur gleichen Zeit erhalten müssen, um im Schreibprozess voranzukommen. Vereinbaren Sie also schon beim Weitergeben des Textes einen Ihren freundlichen Unterstützern entgegenkommenden, aber festen Besprechungstermin. Planen Sie, Ihren Text bis dahin auf andere Weise voranzubringen, etwa, indem Sie das Literaturverzeichnis noch einmal aktualisieren und gemäß den geltenden Konventionen einrichten.

Das Aus-der-Hand-Geben des jungen Textes mag nicht einfach sein, denn man setzt sich der Kritik anderer aus, die eine weitere, umfangreiche und mühsame Arbeitsphase zur Folge haben kann. Die Kommentare und Anregungen wohlwollender Leser sind aber eine so große und wertvolle Bereicherung auf dem Weg zu einer guten letzten Fassung, dass ich Sie ermuntere, ein eventuelles Zögern zu überwinden. Als Autor, der auch die Vorstufen des Textes dieser Anleitung kennt, weiß ich, wie viel die letzte Fassung, die Sie lesen, den Probelesern der ersten Fassung und weiteren Lesern, die sich mit den verbesserten Textfassungen beschäftigt haben, verdankt. (Siehe meine Danksagung am Ende dieses Buches.)

5.4.2 Inhaltliches Überarbeiten (mit Checklisten)

In dem Teil der Überarbeitungsphase, der den sachlichen Textdimensionen gewidmet ist, optimieren Sie ihn so, dass er den theoretischen und methodischen Forderungen Ihres Fachs auf Präzision so weit wie möglich entspricht. Allgemein gilt, wie bereits mehrfach ausgedrückt, dass Texte in der Wissenschaft argumentativ aufgebaut, das heißt Elemente einer Diskussion sind. Deshalb bedeutet das Überarbeiten Ihres Textes hinsichtlich seiner sachlichen Qualität ein Prüfen und Optimieren der Argumentation.

Prüfen der Argumentation

In Kapitel 4 habe ich ein Modell des Argumentierens vorgestellt, aus dem sich für das inhaltliche Überarbeiten Kriterien für das Prüfen Ihres Textes gewinnen lassen:

- Was ist Ihre Behauptung, Ihre These? Was wollen Sie mit Ihrem Text sagen, fachlich gesehen? Nach welchen Ergebnissen, Zusammenhängen suchen Sie, deren Darstellung Ihr Text in seiner letzten Fassung sein wird? Diese These (die in Haupt- und Nebenthesen unterschieden sein kann) ist in Ihrem Text enthalten, doch sollte sie – als wesentliches Element Ihrer Argumentation (zusammen mit der Begründung) – auch sprachlich kenntlich gemacht sein: „Meine These ist, dass ..." oder „Nachgewiesen werden soll, dass ...".
- Welche Begründung, welchen Beleg oder Beweis haben Sie für die These (Evidenz, Fakten, Beispiele, Zitate, Statistiken ...)? Dieses wichtige Element Ihrer Argumentation sollte ebenfalls

kenntlich sein: „Meine These ist, dass …, weil …" oder „Zur Begründung führe ich an, dass …".

- Sie sind gehalten, Gegenargumente gegen Ihre Behauptung und deren Begründung zu erörtern. Fragen Sie sich also selbst, wie andere Forscher Ihre These erschüttern oder zurückweisen könnten: Was ließe sich gegen Ihre These einwenden? Die Gegenargumente sollten in Ihrem Text ebenfalls kenntlich sein: „Gegen meine These kann eingewendet werden, dass …" oder „Ich behaupte, dass …, weil …, obwohl dagegen vorgebracht werden kann, …".
- Die Einwände müssen von Ihnen bewertet, mit zusätzlich aufgebotenen Gründen diskutiert und zurückgewiesen werden. Sind Ihre Antworten auf die von Ihnen selbst vorgebrachten Einwände der Fachwelt im Text kenntlich gemacht? Beispielsweise durch „Das Gegenargument ist nicht stichhaltig, weil …" oder „Dagegen möchte ich sagen, dass …".
- Meist sind die Einwände in einem gewissen Maß zutreffend, so dass eine volle Zurückweisung nicht möglich ist. Sie sollten in einer entfalteten Argumentation diese Gegengründe erörtern und am Ende zu einer ausgewogenen Einschätzung Ihrer eigenen These finden. Dies läuft auf eine Einschränkung des Geltungsanspruchs Ihrer These hinaus. Angesichts stichhaltiger Einwände lautet die Frage, die Sie sich stellen müssen: „Wie stark kann ich meine Überzeugung jetzt noch machen?" Im Text kann es dann heißen: „Nach dem Erörtern der Gegenargumente präzisiere ich meine Behauptung wie folgt: …"

Es folgen Checklisten zum Überarbeiten des Inhalts.

Checkliste: Gliederung (Gehalt)

- Ist meine Gliederung ergebnis-/inhaltsneutral, das heißt weder ein Katalog von Fragen noch eine Liste von Kurzantworten zum Thema? (Diese Anleitung verwendet Überschriften zum Teil in dieser Weise, weil ihre Zielsetzung praxis-, nicht wissensorientiert ist.)
- Lässt sich aus der Gliederung das Ziel meiner Untersuchung ablesen?
- Zeigt meine Gliederung thematische Vollständigkeit, das heißt tauchen sämtliche Begriffe der Fragestellung in ihr auf?
- Zeigt die Gliederung eine ausgewogene Behandlung der Fragestellung?
- Haben die Textteile, auf denen thematisch der Schwerpunkt liegt, auch den größten Umfang?
- Korrespondiert der Rang eines Gliederungspunktes (Teil, Kapitel, Unterkapitel, Abschnitt ...) mit seiner Bedeutung für das Thema?
- Stehen sachlich gleichgewichtige Punkte auch auf der gleichen Gliederungsstufe?
- Ist tendenziell eine Einheitlichkeit der Hierarchiestufen realisiert? Haben Punkte der gleichen Ebene nach Möglichkeit das gleiche Gewicht und die gleiche Gliederungsstufe erhalten? Ist kein Gliederungspunkt auf einer unteren Stufe von mir umfangreicher behandelt worden als ein Punkt auf der nächsthöheren Stufe desselben oder eines anderen Kapitels?

Checkliste: Einleitung

- ☐ Habe ich die Fragestellung präzise, klar und kenntlich formuliert?
- ☐ Stelle ich alles notwendige Hintergrundwissen bereit, so dass den Lesern meine Darstellung im Hauptteil nachvollziehbar wird?
- ☐ Fokussiere ich von einem weiten Feld („Was weiß die Fachwelt?") auf meine spezielle Fragestellung („Was weiß die Fachwelt noch nicht?")?
- ☐ Leite ich meine Fragestellung aus dem aktuellen Diskussionsstand ab? Ist mein Argumentationsgang dabei vollständig und schlüssig?
- ☐ Ist die Literatur, die ich ausgewertet habe, jetzt – gegen Ende der Schreibphase – auf dem aktuellen Stand?
- ☐ Habe ich im Literaturbericht eine Auswahl getroffen und nur die Titel zitiert, die als Hintergrund für meine Untersuchung wichtig sind?
- ☐ Habe ich bei meinen Begriffsexplikationen Unterschiede in der Fachdiskussion berücksichtigt?
- ☐ Habe ich meine Prämissen klargelegt?
- ☐ Nenne ich alle Aspekte des Themas, die in den späteren Teilen meines Textes diskutiert werden?
- ☐ Erläutert die Einleitung meinen methodischen Ansatz? Habe ich die Wahl begründet, am besten, indem ich verschiedene Methoden diskutiere?
- ☐ Enthält die Einleitung gegen Ende eine Bemerkung über das Neue an meiner Forschung?

Checkliste: Hauptteil

- ☐ Habe ich meine Ergebnisse präzise, klar und kenntlich formuliert?
- ☐ Entsprechen meine Ergebnisse einer Antwort auf die Fragestellung?
- ☐ Behandele ich Aspekte der Fragestellung nicht oder nur zum Teil?
- ☐ Habe ich meine Aussagen zur Sache durchgehend mit etwas belegt (Ergebnis, Forschungsliteratur, Beispiel)?
- ☐ Folgen meine Ergebnisse schlüssig aus der herangezogenen Methode, den gewonnenen Daten, den herangezogenen Quellen, der ausgewählten Literatur sowie der im Text entwickelten Argumentation?
- ☐ Sind meine einzelnen Argumente miteinander konsistent? Sind sie mit der übergreifenden Perspektive konsistent?
- ☐ Habe ich die Implikationen meiner Argumente erörtert? Stärken oder schwächen diese meine Argumente?
- ☐ Sind in meinem Text statt Argumenten auch unbegründete Behauptungen, Vermutungen oder Spekulationen zu finden?
- ☐ Habe ich im Hauptteil alle in der Einleitung genannten Bearbeitungsziele vollständig eingelöst?

Checkliste: Schlussteil

- ☐ Liegt zwischen der Einleitung und dem Schlussteil hinsichtlich der angekündigten und der realisierten Ergebnisse und Interpretationen eine Entsprechung vor?
- ☐ Habe ich den Anspruch charakterisiert, den ich mit meinen Folgerungen verknüpfe?

- Bewerte ich auch die Bedeutung meiner Antwort auf die Fragestellung (Neuheit, Anwendungen, Implikationen, Empfehlungen)?
- Habe ich auch die Grenze meiner Untersuchung (die Reichweite des Geltungsanspruchs meiner Argumentation) formuliert?
- Habe ich den weiteren Forschungsbedarf inhaltlich charakterisiert (Form, Richtung)?

5.4.3 Sprachliches Überarbeiten (mit Checklisten)

Ein Sachtext sollte sich in seiner Darstellungsweise am Leitbild funktioneller Schönheit orientieren, die eine barrierefreie Kommunikation mit den Lesern anstrebt. Ein anderer Ausdruck für Verständlichkeit oder Lesbarkeit ist Klarheit – Durchsichtigkeit des Mediums Text (Sprache) auf die Gedanken, die mitgeteilt werden sollen, und damit Anstrengungslosigkeit im Rezipieren. Daraus lassen sich Empfehlungen für das sprachliche Überarbeiten entwickeln. (Die folgende Passage zur Klarheit und Strukturierung von Texten ist besonders Hirsch 1977 verpflichtet.)

Sprechen Menschen miteinander, so können sie eine Sprache der Nähe verwenden. Die gemeinsame Situation, der Zusammenhang, der sie verbindet, hilft, die Äußerungen der anderen so zu verstehen, wie sie gemeint sind. Der Sprecher ist sichtbar, Mimik, Gestik und Körperhaltung sind wahrnehmbar, Klanghöhe, -stärke und -dauer seiner Worte präzisieren die Bedeutung. Kurz: Sprachliche Äußerungen in gemeinsamen Situationen haben einen Kontext. Bei schriftlichen Mitteilungen fehlt dieser, so dass zusätzlicher sprachlicher Aufwand nötig ist, um das gleiche Ergebnis wie in unmittelbarer Kommunikation erreichen zu können. Texte verwenden deshalb eine Sprache der Ferne.

Nicht jedes Schriftstück ist aber im Modus der Distanz geschrieben. Wenn ein Autor bei den Lesern eine ausreichende Kenntnis des Kontextes voraussetzen kann, beispielsweise bei einer intensiven privaten oder beruflichen Korrespondenz, so kann er gleich loslegen, wie er es in einem Gespräch tun würde. Ein Außenstehender wird diese Texte nur schwer verstehen. Eine gesprochene Radiosendung hat dagegen keinen gegebenen Zusammenhang mit den Hörern: Obwohl jemand spricht, wird eine Sprache der Ferne verwendet.

Volle Kontextualisierung

Texte sollten, um das richtige Verstehen des Mitgeteilten zu sichern, voll kontextualisiert sein, anders als verbale Äußerungen in einer konkreten Situation, die als Rahmen wirkt. Die Bedeutung eines Textes soll in ihm selbst voll enthalten und explizit sein; Texte dürfen nichts meinen. Diese Anforderung ist in der Wissenschaft durch ihren Öffentlichkeitscharakter – es geht um Wahrheit und Wissen – besonders ausgeprägt. Das heißt, dass die letzte Fassung Ihres Textes für sich sollte stehen können in dem Sinn, dass die Leser eigentlich nichts von außerhalb beizuziehen brauchen, um den Text nachvollziehen und beurteilen zu können. Dies lässt sich zwar nicht realisieren (Sie müssten mit der Erschaffung der Welt beginnen), ist aber das Ideal. Machen Sie sich jedoch klar, dass die Anforderungen an den Ausdruck und die Strukturiertheit in wissenschaftlichen Texten zwar sehr hoch sind, aber nicht prinzipiell anders als in ‚normalen' Texten, beispielsweise in einem Zeitungsartikel oder Geschäftsbrief.

Weil die Leser beim Schreiben nicht da sind, muss der Autor die Reaktion der Leser und deren Verständnis vorwegnehmen, während er schreibt. Ein Antizipieren ist geboten, weil es keine Möglichkeit zur Rückkoppelung zwischen den Kommunikationspartnern gibt wie in einer Gesprächssituation: Beim Schreiben sind die Leser nicht da, beim Lesen der Schreiber nicht. (Dies unterstreicht die Bedeutung, in der Überarbeitungsphase Kommentare wohlwollender Erstleser einzuholen.)

Wie lässt sich in der Überarbeitungsphase prüfen, ob der vorliegende Text verständlich, lesbar, klar ist? Bei längeren Sachtexten ist die konkrete sprachliche Form relativ unwichtig, da sie bald vergessen wird. Erinnert (behalten) wird der Gehalt des Textes, das, was er mitteilt, was seine Zusammenfassung ausdrückt. Ein eigenwilliger Stil beeinträchtigt deshalb die Verständlichkeit eines Sachtextes. Haben zwei Texte gleichen Gehalts (das heißt, sie lassen sich in gleicher Weise zusammenfassen) eine unterschiedliche Darstellung, so ist derjenige von ihnen der klarere und damit bessere, dessen Verständnis den Lesern weniger Zeit und Mühe macht, ihnen weniger Aufwand bereitet. Überarbeiten der Darstellung bedeutet also, den Text so zu optimieren, dass die Leser ihre Aufmerksamkeit auf den Gehalt richten können und diese so gering wie möglich von der Darstellung gebunden wird.

Die Leser an die Hand nehmen

Einen einzelnen klaren Satz zu schreiben ist recht einfach. Ein klarer Text lässt sich nur über die angemessene Reihenfolge der Sätze, Passagen, Abschnitte und Kapitel realisieren. Deren Reihenfolge – das heißt, die Struktur des Textes im Großen wie im Kleinen – sollte so sein, dass die Leser nicht vor- oder zurückgehen müssen, um die Gedanken zu erfassen, die im Text formuliert sind; sie sollten sich die Zusammenhänge nicht suchen müssen. Worte, die sachlich zusammengehören, sollten auch beisammen stehen: Bringen Sie Relativsätze in der Reihenfolge des Gedankens, nicht eingeschachtelt als Bedeutungszusätze. Sehr lange Sätze, die im Schreiben der ersten Fassung beim Klären der Sachfragen vielleicht nicht vermieden werden konnten zugunsten des Vorankommens, sollten Sie teilen: Überlange Sätze beanspruchen das Kurzzeitgedächtnis der Leser allzu stark; der Punkt am Satzende verschafft ihnen eine Atempause. Ein gutes Richtmaß: Pro Satz nur ein Gedanke, nicht mehr als einen Nebensatz, jeder Satz nicht länger als drei Zeilen.

Setzen Sie sprachliche Mittel ein, um die verschiedenen inhaltlichen Elemente Ihrer Darstellung kenntlich zu machen. Dadurch steuern und sichern Sie das genaue Verständnis Ihrer Gedanken bei den Lesern: „Zwischenergebnis ist folglich ..." oder „Wichtig an dieser Stelle: ..." Überlassen Sie es nicht den Lesern, den Stellenwert dieser Elemente zu erkennen. Hervorhebungen nichtsprachlicher Art (Fett-, Kursivformatierungen oder anderes) sind für argumentativ aufgebaute Texte allerdings nicht zu empfehlen, denn sie sind für eine Interpretation offen und können deshalb ein genaues Verstehen nicht sichern; sie verleiten auch zu inflationärem Gebrauch.

Beim Überarbeiten sollten Sie auch überlegen, was Sie bei den Lesern als bekannt voraussetzen können, um auf diese Weise die Prägnanz Ihres Textes zu erhöhen. Mit dem Austarieren des richtigen Maßes zwischen Explikation und Prägnanz können Sie viel zu einem klaren, zugleich konzisen Text beitragen. Das soll aber nicht heißen, dass Sie Formulierungen verwenden sollten wie „Allgemein bekannt ist ...", denn dadurch verstoßen Sie gegen das Gebot, Behauptungen stets zu begründen.

In gleicher Weise sollten Sie nach Kürzungsmöglichkeiten suchen, um die Textprägnanz weiter zu erhöhen. In Wissenschaftstexten soll jedes Wort Gewicht haben und in der Sache zählen. Mit einem kompakten Text erfreuen Sie alle, die professionell mit ihm zu tun haben und stellen Ihre Schreibfertigkeit unter Beweis.

Neben dem Suchen nach Kürzungsmöglichkeiten kann aber auch das gegensätzliche Mittel, Texterweiterungen, zur Klarheit beitragen. Ein wichtiges Mittel zur Verständnissicherung bei längeren Texten ist die Wiederholung. Mit Redundanzen können Sie die Bedeutung von Sätzen und Passagen im Verständnis der Leser sichern, bevor ihre konkrete Form vergessen ist. Wiederholungen sind beispielsweise Zusammenfassungen vorangehender Passagen oder Ankündigungen, die der Text an späterer Stelle aufgreift. Der Einsatz und die Wirkung solcher Mittel lässt sich besonders bei Vorträgen beobachten; sie werden zwar in einer konkreten Kommunikationssituation gehalten, sind aber Darstellungen, keine Mitteilungen. Da die Hörer keinen fixierten Text vor Augen haben, hilft ihnen ein gut Vortragender, die vielfältigen Gedanken des Vortrags zu erfassen, zu ordnen und zu behalten. Wendungen wie beispielsweise zu Beginn „Mein Vortrag hat vier Teile" schaffen einen Überblick und kündigen an. Indem der Vortragende nach und nach die Ankündigungen einlöst, beispielsweise durch „Ich komme jetzt zum dritten Teil", erfüllt er die geschaffenen Erwartungen. Mit diesen Darstellungsmitteln, die zum Gehalt des Vortrags nichts beitragen, wird eine komplexe Materie fasslich für die Hörer dargestellt trotz Flüchtigkeit durch die Vortragssituation.

Leser wie Hörer wünschen Transparenz, sie wollen, gerade in der argumentativen Auseinandersetzung, wissen, was sie erwartet und wo sie jeweils sind, sie wollen den ‚roten Faden' sehen, nicht ihn selbst suchen müssen, sondern gezeigt bekommen – von Ihnen. Aus diesem Grund ist es in wissenschaftlichen Texten, deren Sinn es ist, Neues mitzuteilen, wichtig, dass Sie Ihre Thesen, die Hauptgedanken, das, worauf das Ganze zulaufen soll, am Anfang ankündigen und dann nach und nach im Einzelnen darstellen, statt das Resultat durch vielleicht lange Ausführungen vorzubereiten und erst gegen Ende mitzuteilen.

Es folgen Checklisten zum Überarbeiten der Darstellung.

Checkliste: Darstellung (allgemein)

- ☐ Habe ich den Zweck meiner Untersuchung am Anfang (ein gutes Richtmaß: auf der ersten Seite der Einleitung) ausgesprochen?
- ☐ Verwende ich in meinem gesamten Text die Schlüsselbegriffe identisch?
- ☐ Stimmen im gesamten Text meine Angaben zum methodischen Ansatz überein?
- ☐ Liegt zwischen der Einleitung und den weiteren Teilen meines Textes hinsichtlich des angekündigten und des realisierten Aufbaus des Textes (dem Gang der Untersuchung) eine Entsprechung vor?

Checkliste: Sprache

- ☐ Können die Pronomina eindeutig zugeordnet werden?
- ☐ Kann ich Passivkonstruktionen im Aktiv wiedergeben?
- ☐ Habe ich das, was ist (Eigenschaft, Beziehung, Folgerung) in der Gegenwartsform dargestellt? Habe ich das, was war (Ereignis, Handlung, Beobachtung, frühere Erkenntnis) in der Vergangenheitsform dargestellt?
- ☐ Habe ich meine wichtigsten Argumente und Folgerungen herausgestellt und die weniger wichtigen herabgestuft – jeweils mit sprachlichen Mitteln?

Checkliste: Kürzungen

- Sind in meinem Text Passagen zu finden, die für das Erreichen des Untersuchungsziels entbehrlich sind?
- Kann ich aus meinem Text Formulierungen, Zitate und anderes entfernen, die etwas zum zweiten Mal mitteilen?
- Nehmen Sie sich vor, in jedem Satz eine überflüssige Silbe oder ein überflüssiges Wort, auf jeder Seite einen überflüssigen Satz zu finden und zu streichen.
- Entfernen Sie Worte wie „sehr", „leider", „eigentlich", „kaum" und andere dieser Art. Sie sind ~~eigentlich~~ in der Regel ~~sehr~~ entbehrlich (Wolcott 1990, 52).

Checkliste: Gliederung (Darstellung)

- Steht keiner der Textteile außerhalb der Gliederungsklassifikation?
- Hat die Gliederung nicht mehr als drei oder vier Ebenen?
- Hat jeder Oberpunkt wenigstens zwei Unterpunkte, aber – als Richtmaß – nicht mehr als vier oder fünf?
- Sind Haupt- und Unterpunkte auch durch das Schriftbild kenntlich gemacht?
- Enthalten die Überschriften keine Formeln, Symbole, unüblichen Abkürzungen?
- Sind die Überschriften aussagekräftig und prägnant?

Den Titel endgültig festlegen

Einen vorläufigen Titel wird Ihre Arbeit schon zu Beginn gehabt haben. Es gilt nun, ihn auf der Basis der letzten Textfassung zu optimieren, soweit das zulässig ist. Bedenken Sie, dass der Titel die am häufigsten gelesene Formulierung Ihres Textes ist, die darüber entscheiden kann, ob er überhaupt wahrgenommen wird. Der Titel sollte den Gegenstandsbereich Ihres Textes kennzeichnen und ihn zugleich von allen anderen zu diesem Bereich unterscheiden, über den Inhalt informieren, ohne zu über- oder zu untertreiben, aber auch Neugier und Leselust wecken. Betreuer wollen bei seiner Formulierung oft mitreden, wenn die Arbeit Teil eines Qualifikationsverfahrens ist, in dem sie Verantwortung tragen. Da zudem eine knappe Form gern gesehen wird, ist es nicht einfach, einen guten Titel zu finden.

Die beste Lösung besteht oft in der Kombination eines kurzen Ober- mit einem etwas längeren Untertitel. Der Obertitel gibt allgemein das Thema an, das der Untertitel präzisiert. Eine Möglichkeit besteht darin, den methodischen Zugang anzugeben, mit dem das Thema bearbeitet worden ist. Wählen Sie Ausdrücke, die so spezifisch sind, wie Ihr Text es zulässt. Versuchen Sie auf jeden Fall, zu einem eigenständigen, ‚sprechenden' Titel zu kommen. Vermeiden Sie, die Hauptbegriffe der Kapitelüberschriften hintereinander zu reihen, obwohl dies zu einem sachlich zutreffenden Titel führt.

Sorgfalt bis zum Schluss

Das Redigieren, das Verschönern Ihres Textes, ist als dritte Überarbeitungsphase zu verstehen. Das Prüfen und Verbessern der

Formalien ist in den Checklisten dieser Anleitung nicht enthalten. Dass am Ende Rechtschreibung und Grammatik geprüft und verbessert wurden, dass Abkürzungen, Zitierregeln und andere Formalien im gesamten Text einheitlich sind, sollte selbstverständlich sein. Viele Formalien eines wissenschaftlichen Textes sind stark fachbezogen und hängen von seiner vorgesehenen Verwendung ab (beispielsweise die Zitierregeln). Die Literaturhinweise in Abschnitt 8.1 nennen unter „Formalien wissenschaftlicher Texte" zwei Titel, die eine Fülle von Hinweisen enthalten.

Ein weiteres, strenges Korrigieren sollten Sie dem Text in letzter Fassung vorbehalten, wenn nur noch dies, die abschließende Korrektur, aussteht. Die sorgfältige Endkorrektur ist ein weiterer Aspekt des Strebens nach Präzision und Klarheit.

„Genug gearbeitet! Ich lasse das jetzt so."

Nachdem Sie den Schreibprozess mit seinen einzelnen Schritten durchlaufen haben, liegt die letzte Fassung Ihres Textes nun vor Ihnen – dank Ihres Zeitplans hoffentlich vor dem anvisierten Abschlusstermin. Glückwunsch zu dieser Leistung!

Sind Sie zufrieden? Wenn Sie hohe Ansprüche haben, werden Sie vielleicht auch jetzt noch das eine oder andere an Ihrem Text zu mäkeln haben. Perfektion ist aber in der Wissenschaft, die höchste Anforderungen an Präzision und Klarheit stellt, die auf Fach-Öffentlichkeit und wechselseitiger Kontrolle beruht, nicht realisierbar. Betrachten Sie die letzte Fassung Ihres Textes nicht mit dem irrealen Maßstab des einzig Richtigen, des Besten und Brillanten, sondern sehen Sie diese Version als diejenige an, die Ihnen auf Ihrem gegenwärtigen Entwicklungsstand (als Studierender, Forscher, Autor) und unter Ihren aktuell gegebenen Arbeits- und Lebensumständen zu schreiben möglich war. Entscheiden Sie sich und seien Sie bereit, für den Text Verantwortung zu übernehmen: „Genug gearbeitet! Ich lasse das jetzt so." Zuklappen (die Datei sichern) und weglegen (den Rechner herunterfahren). Endlich fertig!

Genießen Sie die große Belohnung, die Sie für den schönen, befriedigenden und befreienden Moment des „Endlich fertig!" vorgesehen hatten.

6 Was tun bei Schreibproblemen?

Nicht immer läuft alles glatt, selbst mit einer guten Planung. Die Empfehlungen dieses Kapitels, wie Sie Probleme mit dem Anfangen überwinden oder aus einer Hängephase herausfinden können, verstehen sich überwiegend als Hilfen zur Selbsthilfe.

Die meisten Schwierigkeiten beim Schreiben sind auf eine unangemessene Arbeitstechnik zurückzuführen. Diese Anleitung ist so aufgebaut, dass größere Probleme möglichst erst gar nicht entstehen können. Kommen Sie nicht weiter oder erleben Sie ernsthafte Widerstände, so kann eine erste Möglichkeit, diese zu überwinden, darin bestehen, in den vorangehenden Arbeitsschritt zurückzukehren und das entsprechende Kapitel dieser Anleitung begleitend nochmals zu lesen.

Mit der ersten Fassung ist das Schwierigste geschafft

Vergegenwärtigen Sie sich bei Problemen immer neu, dass es zunächst nur um eine erste Fassung geht, die niemand, außer wohlwollenden Personen, zu sehen bekommt. Steht die erste Fassung, haben Sie das Schwierigste geschafft. Wie bei jeder Sache, die Ausdauer erfordert, sollten Sie bereit sein, Stimmungsschwankungen zu akzeptieren und darauf zu achten, dass diese nicht zu Problemen anwachsen.

Fällt es Ihnen schwer, ins Schreiben zu finden, so sollten Sie die Anspruchsschwelle etwas senken. Möglichkeiten dazu sind die folgenden Mittel:

- Nehmen Sie sich ein kleineres tägliches Pensum vor als ursprünglich geplant und setzen Sie diesen Entschluss mehrmals hintereinander um. Dadurch wird bei Ihnen Lust auf mehr entstehen, Sie werden länger an Ihrem Text arbeiten wollen. Steigern Sie dann langsam das tägliche Pensum.
- Denken Sie an jemanden, der zu Ihnen hält. Schreiben Sie an diese Person einen privaten Brief über einen Aspekt Ihres Themas, den Sie nicht absenden. Oder schreiben Sie an einen Jugendlichen über das Ziel Ihres Vorhabens: Erläutern Sie „Was? Wie? Wozu?". Aus einem solchen Text können Sie durch Überarbeiten einen besser strukturierten machen, der in Ihre erste Fassung einfließt.
- Nehmen Sie ein Gerät, mit dem sich Gesprochenes aufzeichnen lässt. Halten Sie vor dem Mikrofon einen freien Vortrag mit einer Stichwortliste. Schreiben Sie die Aufzeichnung ab. Aus einem solchen Text können Sie durch Überarbeiten einen besser strukturierten machen, der in Ihre erste Fassung einfließt.
- Nehmen Sie sich einen Aspekt des Themas vor und schreiben Sie völlig frei darüber, indem Sie eine Weile – zehn oder mehr Minuten, mit einer Uhr gemessen – schreiben, ohne (das ist wichtig) dabei abzusetzen oder aufzuhören. Schreiben Sie, was Ihnen in den Sinn kommt, achten Sie nicht auf korrekte Orthographie und fertige Formulierungen. Schreiben Sie zügig, schauen Sie nicht zurück, streichen Sie nichts. Versuchen Sie ohne Unterbrechung im Schreiben zu bleiben, ohne zu bewerten, was dabei entsteht. Aus einem solchen Text können

Sie durch Überarbeiten – wo Übergänge oder Zwischenstücke fehlen, überlegen Sie, wie die Lücken ausgefüllt werden könnten – einen besser strukturierten machen, der in Ihre erste Fassung einfließt.

Wieder ins Schreiben finden

Geraten Sie in der Anfangsphase des Schreibens immer wieder ins Stocken und setzen Sie neu an? Streben Sie danach, das Provisorische der ersten Texte hinzunehmen und schreiben Sie weiter, bis das Abschließen der ersten Fassung in Sichtweite kommt. Dann wird sich Ihr Problem verloren haben. Andere Möglichkeiten, Stockungen zu überwinden, sind folgende Techniken:

- Schauen Sie sich die einzelnen Arbeitsschritte im Modell der entzerrten Schreibphasen in Kapitel 3 noch einmal an. Können Sie diese stärker auseinander ziehen, also mehr und kleinere Schritte machen? Beispielsweise können Sie für jedes weitere Textstück, das Sie schreiben wollen, zunächst eine Skizze mit dem ‚roten Faden' des Gedankengangs schreiben oder eine Arbeitsgliederung anfertigen.
- Können Sie mehr Zeit ins Schreiben investieren? Viele der Vorschläge in diesem Kapitel laufen darauf hinaus, dies zu tun. Ein Verlängern Ihrer Schreibsitzungen ist jedoch nur sinnvoll, wenn Sie die zusätzliche Zeit tatsächlich auch produktiv nutzen können.
- Probieren Sie, ob ein temporärer Wechsel des Mediums hilft: Schreiben Sie statt am Computer mit einer elektrischen Schreibmaschine, mit der Hand (Füllfederhalter, Kugelschreiber, Bleistift …), auf andersfarbigem Papier.

- Erleben Sie eine Hemmung an der Stelle, an der Sie gerade arbeiten, dann wechseln Sie zu einer anderen und schreiben Sie dort weiter, statt an der problematischen aufzuhören. Sie können auch Ihren gesamten bisher erstellten Text durchgehen und an jeder geeigneten Stelle weiterarbeiten. Die nur teilweise realisierte erste Fassung wird Ihnen auf diese Weise zu einem Hilfsmittel für das Weiterschreiben. Hören Sie aber mit dem Schreiben auf, weil Sie ins Stocken geraten sind, so kann das leicht zur Folge haben, dass Sie morgen den neuen Beginn hinausschieben.

Aufschieben bedeutet: nicht anfangen. Das heißt aber nicht, dass, während man aufschiebt, nichts geschieht. Denn die unerledigte Aufgabe setzt Sie unter stetig wachsenden Zeitdruck, der zu einer krisenhaften Zuspitzung führen kann. Was dann doch noch zustande kommt, wird nicht Ihrem Potenzial entsprechen, weil Sie durch diese Umstände in Ihrer Leistungsfähigkeit geschwächt waren. Befinden Sie sich in einer Lage, in der Sie aufschieben, dann sollten Sie weniger von sich selbst verlangen und sich auf das neue Anfangen konzentrieren. Dieses Senken der Ansprüche können Sie so weit treiben, dass Ihnen das nächste Ziel geradezu lächerlich klein erscheint. Doch dann müsste es leicht zu erreichen sein. Haben Sie auf diese Weise wieder in das produktive Arbeiten gefunden, dann werden Sie die ersten bescheidenen, aber sichtbaren Fortschritte motivieren.

Kämpfen Sie mit einer kritischen Stimme im Kopf, mit einem Antreiber, der eine hohe Messlatte an Ihre Arbeit legt? Dabei handelt es sich wahrscheinlich um eine Autorität (Eltern, Betreuer oder andere), der Sie genügen wollen. Diese Stimme sollten Sie für Ihr Schreiben zurückdrängen, von sich abhalten, um produktiv sein zu können. Die beste Möglichkeit dazu bietet das Planen, wie in dieser Anleitung vorgeschlagen.

Erleben Sie Momente der Verzweiflung? Meinen Sie, dass alles auf dem Spiel steht, dass Sie ein Versager sein könnten? Wenn sich Ihre Schreibprobleme als schwerwiegend herausstellen: Machen Sie sich klar, dass Ihre Fragestellung relativ eng gefasst sein muss, denn nur so lässt sie sich auf wissenschaftlichem Niveau überhaupt bearbeiten; alles kann gar nicht betroffen sein. Machen Sie sich klar, dass Sie schon einiges erfolgreich geschafft haben: Studiensemester, Prüfungen, Referate (Vorträge), Hausarbeiten und mehr. Warum sollten Sie jetzt zu einem Versager geworden sein?

Ein Mittel, in einer solchen Situation wieder in den Schreibfluss zu kommen, ist dieses (Day 1996, 17): Machen Sie eine Liste mit den wichtigsten Gründen, warum Sie scheinbar nicht weiterarbeiten können. Formulieren Sie zu jedem dieser Gründe Ihre Gefühle dazu. Überlegen Sie nun, wie realistisch Ihre Beschreibungen sind. Erinnern Sie sich an Erfolge in ähnlichen Situationen. Wenn Sie beispielsweise geschrieben haben, dass Sie die Ansprüche des Textes sowieso nicht werden erfüllen können und Ihr Scheitern, wie es scheint, unabwendbar ist: Wann in Ihrem Leben hatten Sie es geschafft, ein Vorhaben gegen äußere und innere Widerstände doch noch zu realisieren? Schreiben Sie diese Argumente gegen Ihre eigenen Befürchtungen auf. Gehen Sie dann einen Schritt weiter und ziehen Sie die nahe liegende Folgerung daraus. Hier: Dass Sie nicht ernsthaft werden sagen können, es sei Ihnen unmöglich, den Text zustande zu bringen. Akzeptieren Sie die Folgerung im Sinne einer Änderung Ihrer Einstellung und formulieren Sie in aufgehellter Stimmung eine Absicht, die Ihre Einsicht in eine Tat umsetzt. Hier: In geeigneter Form am Text weiterarbeiten.

Beratungsangebote annehmen

Kommen Sie mit diesen Vorschlägen dennoch nicht wieder in den Schreibfluss, sollten Sie sich persönlichen Rat einholen. Es gehört zu den dienstlichen Pflichten Ihrer Betreuer, nicht nur fachspezifische, sondern auch arbeitstechnische Kompetenz und Erfahrung im Schreiben an Sie weiterzugeben und Ihnen in einer schwierigen Phase beizustehen. Solidarisch mit Ihnen werden Kollegen sein können, die in einer ähnlichen Situation waren oder sind. Hindert Sie die Konkurrenz in Ihrer unmittelbaren Umgebung daran, sich zu Problemen zu bekennen, dann ist dies vielleicht Kollegen gegenüber möglich, die Sie auf einer Tagung, beim Hochschulsport oder anderswo kennen lernten.

Unterstützung in einer für Sie schwierigen Situation ist sicherlich gut gemeint, kann jedoch oberflächlich sein („Das wird schon wieder"), von zufälligen Umständen abhängen (eingeschränkte Erreichbarkeit; Zeitnot der Personen, die Sie angesprochen haben) oder punktuell bleiben (einzelne Tipps aus persönlicher Erfahrung). Anhaltende Schreibprobleme haben aber mit Sicherheit einen ernsten persönlichen Hintergrund und Sie sollten deshalb auch das Verantwortungsbewusstsein sich selbst gegenüber zeigen, die Angebote kompetenter und erfahrener Berater für solche Situationen zu suchen und anzunehmen. Die „Allgemeine" oder „Zentrale Studierendenberatung" Ihrer Hochschule kann oft die persönlichen Aspekte bei Schreibproblemen besser erkennen als die mehr für wissenschaftliche und organisatorische Fragen zuständige Fachstudienberatung. Speziell ausgebildet für den Umgang mit den Konflikten und Krisen, zu denen die Anforderungen des wissenschaftlichen Arbeitens führen können, sind die psychotherapeutischen Beratungsstellen, die meist bei der Studierendenberatung oder dem -werk angesiedelt sind. Die persönliche Perspektive ist der Ansatz jeder Therapie: In Einzel- oder Gruppengesprächen können Sie unter methodischer Anleitung entwirren, was sich verknäuelt hatte, um befreit und gestärkt wieder produktiv zu sein. Sind Sie kein Studierender oder Doktorand mehr, müssen Sie therapeutische Hilfe außerhalb der Hochschule suchen. Diese wird sich finden lassen; wichtig ist, dass Sie Ihre gravierenden Schreibprobleme ernst genug nehmen, nicht mehr mit unzureichenden Mitteln nach einer Lösung suchen zu wollen.

7 Schlusswort

Im letzten Kapitel der Anleitung möchte ich einige Hauptpunkte noch einmal herausstellen. Wenn Sie Ihren Text aus der Hand geben, haben Sie sich in jeder Hinsicht festgelegt, vom Titel bis zum einzelnen Komma. Dazu, das Abschließen der hier so oft angesprochenen letzten Fassung, sind eine Vielzahl von Teilhandlungen mit Entscheidungen notwendig: „So lasse ich es." Dies in einem einmaligen Schreibakt zu realisieren, in einem Zug, liegt außerhalb des normalerweise Menschenmöglichen und auf jeden Fall des -zuträglichen.

Das Grundprinzip der empfohlenen Arbeitstechnik für das Schreiben ist das Entzerren dieser Teilhandlungen, ihr Verteilen über eine Zeitspanne. Dadurch konzentrieren Sie Ihre Arbeitskapazität auf jeweils einen überschaubaren Bereich des Schreibprozesses (beispielsweise auf das Entwickeln einer Arbeitsgliederung). Indem Sie Ihre Kraft fokussieren, wird es möglich, ein hochwertiges Ergebnis zu erarbeiten: Einen präzisen und klaren Text. Dazu muss das Grundprinzip aber so organisiert sein, dass die Ergebnisse der einzelnen Schreibphasen aufeinander aufbauen und sich im Endprodukt ergänzen können. In diesem Sinne ist in jeder Schreibphase der gesamte Schreibprozess präsent. Deshalb war hier vom Entzerren oder Auseinanderziehen die Rede und nicht vom Aufteilen oder Separieren.

In einem fortlaufenden Text wie in diesem Buch kann die Darstellung gestufter Arbeitsphasen nur linear sein, ein Nacheinander, wodurch der Schreibprozess homogen und stetig wirkt. Ihren eigenen Schreibprozess werden Sie als komplexer erleben. Was hier aus Darstellungsgründen eine Folge ist, wird bei Ihnen auch ein Nebeneinander sein, indem Sie die Arbeitsphasen nach Bedarf kombinieren, beispielsweise, dass Sie gliedern, wo immer es Ihnen weiterhilft. In diesem Sinne wollte ich Sie von der notwendigen Strukturierung Ihres Schreibens überzeugen und Ihnen zugleich eine wünschenswerte Flexibilität dabei verschaffen. Die vorgestellte Arbeitstechnik kann aber nur greifen, wenn Sie zu Beginn nicht streng mit sich umgehen, sondern auch bescheidene Anfänge akzeptieren, die nach und nach verbessert werden.

Das Schreiben eines wissenschaftlichen Textes ist eine fortgesetzte Entscheidungsfindung: Irgendwann müssen Sie das Materialsammeln definitiv abschließen, irgendwann das Ordnen und Strukturieren, irgendwann das Schreiben der ersten Fassung, und irgendwann muss das mehrfache Überarbeiten definitiv abgeschlossen sein – sonst kommt es nicht zu einer letzten, reifen, präzisen und klaren Fassung Ihres Textes. Zu den besten Resultaten führen Entscheidungen, bei denen man sich frei fühlen kann. Mein Anliegen mit dieser Anleitung war, Ihnen zu mehr Freiheit im Schreiben zu verhelfen – und damit zu mehr Freude. Mit der angemessenen Arbeitstechnik im Bunde kann das Schreiben für Ihre Fachdisziplin das Freudvollste sein, was Studium und Forschung zu bieten haben: Wenn Ideen sich einstellen, Zusammenhänge klar werden, Perspektiven sich öffnen – wenn Sie erleben, dass Wissenschaft von Menschen gemacht wird.

8 Literatur

8.1 Empfehlungen

Schreibratgeber (eher) für Studierende

Andermann, Ulrich/Drees, Martin/Grätz, Frank (2006), Wie verfasst man wissenschaftliche Arbeiten?, 3., völlig neu erarb. Aufl., Mannheim u.a.: Dudenverlag.

Bänsch, Axel (2008), Wissenschaftliches Arbeiten. Seminar- und Diplomarbeiten, 9. Aufl., München/Wien: Oldenbourg.

Becker, Howard S. (2000), Die Kunst des professionellen Schreibens. Ein Leitfaden für die Geistes- und Sozialwissenschaften, 2. Aufl., Frankfurt am Main/New York: Campus.

Esselborn-Krumbiegel, Helga (2008), Von der Idee zum Text. Eine Anleitung zum wissenschaftlichen Schreiben im Studium, 3., überarb. Aufl., Paderborn u.a.: Schöningh.

Franck, Norbert (2008), Lust statt Last: Wissenschaftliche Texte schreiben, in: ders./Stary, Joachim (Hg.), Die Technik wissenschaftlichen Arbeitens. Eine praktische Anleitung, 14., überarb. Aufl., Paderborn: Schöningh, S. 117 – 178.

Frank, Andrea/Haacke, Stefanie/Lahm, Swantje (2007), Schlüsselkompetenzen: Schreiben in Studium und Beruf, Stuttgart/Weimar: Metzler.

Göttert, Karl-Heinz (2002), Kleine Schreibschule für Studierende, 2. Aufl., München: Fink.

Kruse, Otto (2007), Keine Angst vor dem leeren Blatt. Ohne Schreibblockaden durchs Studium, 12., völlig neu bearb. Aufl., Frankfurt am Main/New York: Campus.

Perrin, Daniel/Rosenberger, Nicole (2008), Schreiben im Beruf. Wirksame Texte durch effiziente Arbeitstechnik, 2. Aufl., Berlin: Cornelsen Scriptor.

Winter, Wolfgang (2005), Wissenschaftliche Arbeiten schreiben. Hausarbeiten, Diplom- und Magisterarbeiten, MBA-Abschlussarbeiten, Dissertationen, 2., aktual. Aufl., Frankfurt am Main/Wien: Ueberreuter.

Schreibratgeber (eher) für Promovierende

Benjamin, Walter (1928/1980), Die Technik des Schriftstellers in dreizehn Thesen, in: ders., Einbahnstraße, Gesammelte Schriften, IV.1 [Werkausgabe Edition Suhrkamp, 10], hg. Tillmann Rexroth, Frankfurt am Main: Suhrkamp, S. 106f.

Knigge-Illner, Helga (2009), Der Weg zum Doktortitel. Strategien für die erfolgreiche Promotion, 2., völlig neu bearb. Aufl., Frankfurt am Main: Campus.

Messing, Barbara/Huber, Klaus-Peter (2007), Die Doktorarbeit: Vom Start zum Ziel. Lei(d)tfaden für Promotionswillige, 4., überarb. und erw. Aufl., Heidelberg/Berlin: Springer.

Wolcott, Harry F. (1990), Writing Up Qualitative Research, Newbury Park/London/New Delhi: Sage.

Zerubavel, Eviatar (2001), The Clockwork Muse. A Practical Guide to Writing Theses, Dissertations, and Books, 2. Aufl., Cambridge (Mass.)/London: Harvard University Press.

Wissenschaftliches Arbeiten

Ebster, Claus/Stalzer, Lieselotte (2008), Wissenschaftliches Arbeiten für Wirtschafts- und Sozialwissenschaftler, 3. Aufl., Wien: WUV.

Franck, Norbert (2004), Handbuch Wissenschaftliches Arbeiten, Frankfurt am Main: Fischer Taschenbuch-Verlag.

8 Literatur

Franck, Norbert/Stary, Joachim (Hg.) (2008), Die Technik wissenschaftlichen Arbeitens. Eine praktische Anleitung, 14., überarb. Aufl., Paderborn: Schöningh.

Krämer, Walter (2009), Wie schreibe ich eine Seminar- oder Examensarbeit?, 3., überarb. und aktual. Aufl., Frankfurt am Main/New York: Campus.

Stickel-Wolf, Christine/Wolf, Joachim (2009), Wissenschaftliches Arbeiten und Lerntechniken. Erfolgreich studieren – gewusst wie!, 5., aktual. und überarb. Aufl., Wiesbaden: Gabler.

Zeitmanagement

Rückert, Hans-Werner (2004), Entdecke das Glück des Handelns. Überwinden, was das Leben blockiert, 2., durchgeseh. Aufl., Frankfurt am Main/New York: Campus.

Rückert, Hans-Werner (2006), Schluss mit dem ewigen Aufschieben. Wie Sie umsetzen, was Sie sich vornehmen, 6., überarb. Aufl., Frankfurt am Main/New York: Campus.

Schilling, Gert (2004), Zeitmanagement. Der Praxisleitfaden für Ihr persönliches Zeitmanagement, Berlin: Schilling.

Schreibprobleme

Pyerin, Brigitte (2007), Kreatives wissenschaftliches Schreiben. Tipps und Tricks gegen Schreibblockaden, 3., aktual. Aufl., Weinheim/München: Juventa.

Formalien wissenschaftlicher Texte

Theisen, Manuel René (2008), Wissenschaftliches Arbeiten. Technik – Methodik – Form, 14., neu bearb. Aufl., München: Vahlen.

Standop, Ewald/Meyer, Matthias L. G. (2008), Die Form der wissenschaftlichen Arbeit. Grundlagen, Technik und Praxis für Schule, Studium und Beruf, 18., bearb. und erw. Aufl., Wiebelsheim: Quelle und Meyer.

8.2 Literaturverzeichnis

Aczel, Richard (1998), How to Write an Essay, Stuttgart/Düsseldorf/Leipzig: Klett.

Adamzik, Kirsten/Antos, Gerd/Jakobs, Eva-Maria (Hg.) (1997), Domänen- und kulturspezifisches Schreiben, Frankfurt am Main u.a.: Peter Lang.

Alley, Michael (1996), The Craft of Scientific Writing, 3rd Ed., New York u.a.: Springer.

Antos, Gerd/Pogner, Karl-Heinz (2003), Kultur- und domänengeprägtes Schreiben, in: Wierlacher, Alois/Bogner, Andrea (Hg.), Handbuch interkulturelle Germanistik, Stuttgart/Weimar: Metzler, S. 396 – 400.

Auer, Peter/Baßler, Harald (Hg.) (2007), Reden und Schreiben in der Wissenschaft, Frankfurt am Main/New York: Campus.

Balzert, Helmut/Schäfer, Christian/Schröder, Marion/Kern, Uwe (2008), Wissenschaftliches Arbeiten. Wissenschaft, Quellen, Artefakte, Organisation, Präsentation, Herdecke/Witten: W3L-Verlag.

Bangen, Georg (1990), Die schriftliche Form germanistischer Arbeiten. Empfehlungen für die Anlage und die äußere Gestaltung wissenschaftlicher Manuskripte unter besonderer Berücksichtigung der Titelangaben von Schrifttum, 9., durchgeseh. Aufl., Stuttgart/Weimar: Metzler.

Bazerman, Charles (1981), What Written Knowledge Does: Three Examples of Academic Discourse, Philosophy of the Social Sciences 11, S. 361 – 387.

Becker, Fred G. (2004), Anleitung zum wissenschaftlichen Arbeiten. Wegweiser zur Anfertigung von Haus- und Diplomarbeiten, 3., erg. und überarb. Aufl., Lohmar/Köln: Eul.

8 Literatur

Beinke, Christiane/Brinkschulte, Melanie/Bunn, Lothar/Thürmer, Stefan (2008), Die Seminararbeit. Schreiben für den Leser, Konstanz: UVK.

Bendix, Manuela (2008), Wissenschaftliche Arbeiten typografisch gestalten. Mit Word und InDesign ans Ziel, Berlin/Heidelberg: Springer.

Berning, Johannes/Keßler, Nicola/Koch, Helmut H. (Hg.) (2006), Schreiben im Kontext von Schule, Universität und Lebensalltag, Berlin: LIT.

Björk, Lennart/Räisänen, Christine (1997), Academic Writing. A University Writing Course, 2nd Ed, Lund: Studentlitteratur.

Boeglin, Martha (2007), Wissenschaftlich arbeiten Schritt für Schritt. Gelassen und effektiv studieren, München: Fink.

Bohl, Thorsten (2008), Wissenschaftliches Arbeiten im Studium der Pädagogik. Arbeitsprozesse, Referate, Hausarbeiten, mündliche Prüfungen und mehr..., 3. überarb. Aufl., Weinheim/Basel: Beltz.

Booth, Vernon (1993), Communicating in Science. Writing a Scientific Paper and Speaking at Scientific Meetings, 2nd Ed., Cambridge: Cambridge University Press.

Booth, Wayne C./Colomb, Gregory G./Williams, Joseph M. (2008), The Craft of Research, 3rd Ed., Chicago/London: University of Chicago Press.

Brandt, Edmund (2006), Rationeller Schreiben Lernen. Hilfestellung zur Anfertigung wissenschaftlicher (Abschluss-)Arbeiten, 2. Aufl., Baden-Baden: Nomos.

Bramberger, Andrea/Forster, Edgar (2004), Wissenschaftlich schreiben. Kritisch – reflexiv – handlungsorientiert, Münster: LIT.

Brauner, Detlef Jürgen/Vollmer, Hans-Ulrich (2008), Erfolgreiches wissenschaftliches Arbeiten. Seminararbeit – Bachelor-/Masterarbeit (Diplomarbeit) – Doktorarbeit, 3., überarb. Aufl., Sternenfels: Verlag Wissenschaft & Praxis.

Brause, Rita S. (2000), Writing Your Doctoral Dissertation. Invisible Rules for Success, London/New York: Routledge & Falmer.

Brink, Alfred (2007), Anfertigung wissenschaftlicher Arbeiten. Ein prozessorientierter Leitfaden zur Erstellung von Bachelor-, Master- und

Diplomarbeiten in acht Lerneinheiten, 3., überarb. Aufl., München/Wien: Oldenbourg.

Bünting, Karl-Dieter/Bitterlich, Axel/Pospiech, Ulrike (2006), Schreiben im Studium: mit Erfolg. Ein Leitfaden, 5., überarb. Aufl., Berlin: Cornelsen Scriptor.

Burchert, Heiko/Sohr, Sven (2005), Praxis des wissenschaftlichen Arbeitens. Eine anwendungsorientierte Einführung, München/Wien: Oldenbourg.

Buzan, Tony/Buzan, Barry (2002), Das Mind-Map-Buch. Die beste Methode zur Steigerung ihres geistigen Potenzials, 5., aktual. Aufl., Landsberg/München: mvg.

Cioffi, Frank (2006), Kreatives Schreiben für Studenten & Professoren. Ein praktisches Manifest, Berlin: Autorenhaus.

Corsten, Hans/Deppe, Joachim (2008), Technik des wissenschaftlichen Arbeitens. Wege zum erfolgreichen Studium, 3., vollst. überarb. Aufl., München/Wien: Oldenbourg.

Cuba, Lee (1997), A Short Guide to Writing about Social Science, 3rd Ed., New York u.a.: Longman.

Czwalina, Clemens (1997), Richtlinien für Zitate, Quellenangaben, Anmerkungen, Literaturverzeichnisse u.ä., 6., überarb. Aufl., Hamburg: Czwalina.

Day, Abby (1996), How to Get Research Published in Journals, Aldershot/Brookfield: Gower.

Deppe, Joachim (1992), Die Technik des Gliederns wissenschaftlicher Arbeiten, Wirtschaftswissenschaftliches Studium 21, S. 201 – 206.

Disterer, Georg (2009), Studienarbeiten schreiben. Seminar-, Bachelor-, Master- und Diplomarbeiten in den Wirtschaftswissenschaften, 5., vollst. überarb. und erweit. Aufl., Berlin/Heidelberg/New York: Springer.

Dunleavy, Patrick (2003), Authoring a PhD. How to Plan, Draft, Write and Finish a Doctoral Thesis or Dissertation, Houndmills/New York: Palgrave Macmillan.

Echterhoff, Gerald/Neumann, Birgit (2006), Projekt- und Zeitmanagement. Strategien für ein erfolgreiches Studium, Stuttgart: Klett.

Eco, Umberto (2007), Wie man eine wissenschaftliche Abschlußarbeit schreibt. Doktor-, Diplom- und Magisterarbeit in den Geistes- und Sozialwissenschaften, 12. Aufl., Heidelberg: C.F. Müller.
Ehlich, Konrad/Steets, Angelika (Hg.) (2003), Wissenschaftlich schreiben – lehren und lernen, Berlin/New York: de Gruyter.
Engel, Stefan/Slapnicar, Klaus W. (Hg.) (2003), Die Diplomarbeit, 3., überarb. und aktual. Aufl., Stuttgart: Schäffer-Poeschel.
Ernst, Wiebke u.a. (2002), Wissenschaftliches Arbeiten für Soziologen, München/Wien: Oldenbourg.
Fisher, Shirley (1994), Stress in Academic Life. The Mental Assembly Line, Buckingham: Society for Research into Higher Education/Open University Press.
Flower, Linda/Hayes, John R. (1980), Identifying the Organization of Writing Processes, in: Gregg, Lee W./Steinberg, Erwin R. (eds.), Cognitive Processes in Writing, Hillsdale NJ: Erlbaum, S. 3 – 30.
Flower, Linda/Hayes, John R. (1980), The Dynamics of Composing. Making Plans and Juggling Constraints, in: Gregg, Lee W./Steinberg, Erwin R. (eds.), Cognitive Processes in Writing, Hillsdale NJ: Erlbaum, S. 31 – 50.
Flower, Linda/Hayes, John R. (1981), A Cognitive Process Theory of Writing, College Composition and Communication 32, S. 365 – 387.
Flower, Linda/Hayes, John R. (1984), Images, Plans, and Prose. The Representation of Meaning in Writing, Written Communication 1, S. 120 – 160.
Flower, Linda/Hayes, John R./Carey, Linda/Schriver, Karen/Stratman, James (1986), Detection, Diagnosis, and the Strategies of Revision, College Composition and Communication 37, S. 16 – 55.
Freeman, Arthur/DeWolf, Rose (2002), Die 10 dümmsten Fehler kluger Leute. Wie man klassischen Denkfallen entgeht, München/Zürich: Piper.
Fry, Ron (1998), Last Minute Programm für Prüfungen und Seminararbeiten, Frankfurt am Main/New York: Campus.
Fulkerson, Richard (1996), The Toulmin Model of Argument and the Teaching of Composition, in: Barbara Emmel/Paula Resch/Deborah

Tenney (eds.), Argument Revisited; Argument Redefined. Negotiating Meaning in the Composition Classroom, Thousand Oaks/London/New Delhi: Sage, S. 45 – 72.

Gibaldi, Joseph (1999), MLA Handbook for Writers of Research Papers, 5th Ed., New York: Modern Language Association of America.

Gopen, George D./Swan, Judith A. (1990), The Science of Scientific Writing. If the reader is to grasp what the writer means, the writer must understand what the reader needs, American Scientist 78, S. 550 – 558.

Grass, Brigitte/Drügg, Stefanie (1998), Der praktische Studienbegleiter. Das ABC des erfolgreichen Wirtschaftsstudiums, Köln: Fortis.

Griffith, Kelley (2002), Writing Essays about Literature. A Guide and Style Sheet, 6th Ed., Boston: Heinle & Heinle.

Grunwald, Klaus/Spitta, Johannes (1997), Wissenschaftliches Arbeiten. Grundlagen zu Herangehensweisen, Darstellungsformen und Regeln, Eschborn: Klotz.

Guderian, Claudia (2003), Arbeitsblockaden erfolgreich überwinden. Schluss mit Aufschieben, Verzetteln, Verplanen!, München: Kösel.

Hayes, John R. (1996), A new framework for understanding cognition and affect in writing, in: The science of writing. Theories, methods, individual differences, and applications, ed. Levy, Charles M./Ransdell Sarah, Mahwah NJ: Erlbaum, S. 1 – 27.

Hirsch, Eric D. (1977), The Philosophy of Composition, Chicago/London: University of Chicago Press.

Höge, Holger (2006), Schriftliche Arbeiten im Studium. Ein Leitfaden zur Abfassung wissenschaftlicher Texte, 3., überarb. und erw. Aufl., Stuttgart/Berlin/Köln: Kohlhammer.

Holmes, Frederic L. (1987), Scientific Writing and Scientific Discovery, ISIS 78, S. 200 – 235.

Huff, Anne Sigismund (1999), Writing for Scholarly Publication, Thousand Oaks/London/New Delhi: Sage.

Hunziker, Alexander W. (2008), Spass am wissenschaftlichen Arbeiten. So schreiben Sie eine gute Semester-, Bachelor- oder Masterarbeit, 3. Aufl., Zürich: SKV.

Jacob, Rüdiger (1997), Wissenschaftliches Arbeiten. Eine praxisorientierte Einführung für Studierende der Sozial- und Wirtschaftswissenschaften, Opladen/Wiesbaden: Westdeutscher Verlag.

Jäger, Armin (2007), Erfolgreich schreiben im Beruf, Darmstadt: WBG.

Jakobs, Eva-Maria/Knorr, Dagmar (Hg.) (1997), Schreiben in den Wissenschaften, Frankfurt am Main u.a.: Peter Lang.

Jakobs, Eva-Maria/Lehnen, Katrin (Hg.) (2008), Berufliches Schreiben. Ausbildung, Training, Coaching, Frankfurt am Main: Peter Lang.

Jakobs, Eva-Maria/Perrin, Daniel (2008), Training of writing and reading, in: Handbook of Communication Competence, hg. Gert Rickheit/Hans Strohner, Berlin/New York: Mouton de Gruyter, S. 359 – 393.

Janni, Wolfgang/Friese, Klaus (2004), Publizieren, Promovieren – leicht gemacht. Step by Step, Berlin/Heidelberg/New York: Springer.

Jele, Harald (2003), Wissenschaftliches Arbeiten in Bibliotheken. Einführung für Studierende, 2., vollst. überarb. und erw. Aufl., München/Wien: Oldenbourg.

Jele, Harald (2003), Wissenschaftliches Arbeiten: Zitieren, München/Wien: Oldenbourg.

Karmasin, Matthias/Ribing, Rainer (2008), Die Gestaltung wissenschaftlicher Arbeiten, 3., aktual. Aufl., Wien: WUV.

Kerschner, Ferdinand (1997), Wissenschaftliche Arbeitstechnik und -methodik für Juristen. Leitfaden für juristische Seminar- und Diplomarbeiten, Dissertationen und wissenschaftliche Artikel, 4., völlig neu bearb. Aufl., Wien: Facultas.

Keseling, Gisbert (2004), Die Einsamkeit des Schreibers. Wie Schreibblockaden entstehen und erfolgreich bearbeitet werden können, Wiesbaden: VS Verlag für Sozialwissenschaften.

Kienpointner, Manfred (2008), Argumentationstheorie, in: Rhetorik und Stilistik. Ein internationales Handbuch historischer und systematischer Forschung, hg. Ulla Fix/Andreas Gardt/Joachim Knape, 1. Halbband, Berlin/New York: de Gruyter, S. 702 – 717.

Kissling, Walter/Perko, Gudrun (Hg.) (2006), Wissenschaftliches Schreiben in der Hochschullehre. Reflexionen, Desiderate, Konzepte, Innsbruck: Studienverlag.

Klaner, Andreas (1998), Streßbewältigung im Studium. Mit 20 praktischen Übungen zum erfolgreichen Streßabbau, Berlin: Berlin-Verlag Spitz.

Klein, Regina (2002), Wissenschaftliches Schreiben lehren und lernen. Teil I – III, in: Neues Handbuch Hochschullehre. Lehren und Lernen effizient gestalten, hg. Brigitte Berendt/Hans-Peter Voss/Johannes Wildt, [Grundwerk] G 4.1 – G 4.3 [121 Seiten], Berlin: Raabe.

Koeder, Kurt-Wolfgang (1998), Studienmethodik. Selbstmanagement für Studienanfänger, 3., überarb. und erw. Aufl., München: Vahlen.

Koepernik, Claudia/Moes, Johannes/Tiefel, Sandra (Hg.) (2006), GEW-Handbuch Promovieren mit Perspektive. Ein Ratgeber von und für DoktorandInnen, Bielefeld: W. Bertelsmann.

Kolmer, Lothar/Rob-Santer, Carmen (2006), Geschichte SCHREIBEN. Von der Seminar- zur Doktorarbeit, Paderborn u.a.: Schöningh.

Kornmeier, Martin (2009), Wissenschaftlich schreiben leicht gemacht. Für Bachelor, Master und Dissertation, 2., überarb. und erg. Aufl., Bern/Stuttgart/Wien: Haupt.

Krings, Hans P. (1992), Schwarze Spuren auf weißem Grund – Fragen, Methoden und Ergebnisse der Schreibprozessforschung im Überblick, in: ders./Antos, Gerd (Hg.), Textproduktion. Neue Wege der Forschung, Trier: WVT, S. 45 – 110.

Kropp, Waldemar/Huber, Alfred (2006), Studienarbeiten interaktiv. Erfolgreich wissenschaftlich denken, schreiben, präsentieren, Berlin: Erich Schmidt.

Kruse, Otto (1994), Schreibwerkstatt für DoktorandInnen, in: Studieren mit Lust und Methode. Neue Gruppenkonzepte für Beratung und Lehre, hg. Knigge-Illner, Helga/Kruse, Otto, Weinheim: Deutscher Studien-Verlag, S. 276 – 300.

Kruse, Otto (1998), Opus magnum. Die Examensarbeit, in: Handbuch Studieren. Von der Einschreibung bis zum Examen, hg. Kruse, Otto, Frankfurt am Main/New York: Campus, S. 370 – 386.

Kruse, Otto (2000), Wissenschaftliches Schreiben und studentisches Lernen, in: Kritischer Ratgeber Wissenschaft – Studium – Hochschulpolitik, hg. Nohr, Barbara, Marburg: BdWi-Verlag, S. 353 – 364.

Kruse, Otto (2001), Wissenschaftliches Schreiben im Studium, in: Wie kommt Wissenschaft zu Wissen?, hg. Hug, Theo, Band I: Einführung in das wissenschaftliche Arbeiten, Baltmannsweiler: Schneider-Verlag Hohengehren, S. 11 – 28.

Kruse, Otto/Jakobs, Eva-Maria (1999), Schreiben lehren an der Hochschule: Ein Überblick, in: Schlüsselkompetenz Schreiben. Konzepte, Methoden, Projekte für Schreibberatung und Schreibdidaktik an der Hochschule, hg. Kruse, Otto/Jakobs, Eva-Maria/Ruhmann, Gabriela, Neuwied/Krifteln/Berlin: Luchterhand, S. 19 – 34.

Kruse, Otto/Jakobs, Eva-Maria/Ruhmann, Gabriela (Hg.) (1999), Schlüsselkompetenz Schreiben. Konzepte, Methoden, Projekte für Schreibberatung und Schreibdidaktik an der Hochschule, Neuwied/Krifteln/Berlin: Luchterhand.

Kruse, Otto/Berger, Katja/Ulmi, Marianne (Hg.), (2006), Prozessorientierte Schreibdidaktik. Schreibtraining für Schule, Studium und Beruf, Bern/Stuttgart/Wien: Haupt.

Lehmann, Günter (2007), Wissenschaftliche Arbeiten zielwirksam verfassen und präsentieren. Mit Layout-Vorschlägen auf CD-ROM, Renningen: expert.

Leopold-Wildburger, Ulrike/Schütze, Jörg (2002), Verfassen und Vortragen. Wissenschaftliche Arbeiten und Vorträge leicht gemacht, Berlin u.a.: Springer.

Ludwig, Otto (1983), Einige Gedanken zu einer Theorie des Schreibens, in: Grosse, Siegfried (Hg.), Schriftsprachlichkeit, Düsseldorf: Schwann, S. 37 – 73.

Lück, Wolfgang (2003), Technik des wissenschaftlichen Arbeitens. Seminararbeit, Diplomarbeit, Dissertation, 9., bearb. Aufl., München/Wien: Oldenbourg.

Marius, Richard/Page, Melvin E. (2005), A Short Guide to Writing About History, 5th Ed., New York: Pearson Longman.

Matthews, Janice R./Bowen, John M./Matthews, Robert W. (2000), Successful Scientific Writing. A Step-by-Step Guide for the Biological and Medical Sciences, 2nd Ed., Cambridge: Cambridge University Press.

Matthews, Janice R./Matthews, Robert W. (2008), Successful Scientific Writing. A Step-by-Step Guide for the Biological and Medical Sciences, 3rd Ed., Cambridge: Cambridge University Press.

Merton, Robert K. (1942/1985), Die normative Struktur der Wissenschaft, in: ders., Entwicklung und Wandel von Forschungsinteressen. Aufsätze zur Wissenschaftssoziologie, Frankfurt am Main: Suhrkamp, S. 86 – 99.

Molitor-Lübbert, Sylvie (1989), Schreiben und Kognition, in: Antos, Gerd/Krings, Hans P. (Hg.), Textproduktion. Ein interdisziplinärer Forschungsüberblick, Tübingen: Niemeyer, S. 278 – 296.

Molitor-Lübbert, Sylvie (1996), Schreiben als mentaler und sprachlicher Prozeß, in: Günther, Hartmut/Ludwig, Otto (Hg.), Schrift und Schriftlichkeit. Writing and its Use, 2. Halbband/Vol. 2, Berlin/New York: de Gruyter, S. 1005 – 1027.

Möllers, Thomas M. J. (2001), Juristische Arbeitstechnik und wissenschaftliches Arbeiten. Klausur, Hausarbeit, Seminararbeit, Staatsexamen, Dissertation, München: Vahlen.

Monroe, Jonathan (Ed.) (2002), Writing and Revising the Disciplines, Ithaca/London: Cornell University Press.

Montgomery, Scott L. (2003), The Chicago Guide to Communicating Science, Chicago/London: University of Chicago Press.

Müller, C. Wolfgang (2001), SchreibLust. Von der Freude am wissenschaftlichen Schreiben, Münster: Votum.

Narr, Wolf-Dieter (1999), Schreiben – Einsichten und Ratschläge eines Sozialwissenschaftlers nach über 80 Semestern, in ders./Stary, Joachim (Hg.), Lust und Last des wissenschaftlichen Schreibens. Hochschullehrerinnen und Hochschullehrer geben Studierenden Tips, Frankfurt am Main: Suhrkamp, S. 87 – 104.

Paetzel, Ulrich (2001), Wissenschaftliches Arbeiten. Überblick über Arbeitstechnik und Studienmethodik, Berlin: Cornelsen Scriptor.

Pechenik, Jan A. (2001), A Short Guide to Writing About Biology, 4th Ed., New York u.a.: Longman.
Perrin, Daniel/Böttcher, Ingrid/Kruse, Otto/Wrobel, Arne (Hg.) (2003), Schreiben. Von intuitiven zu professionellen Schreibstrategien, 2., überarb. Aufl., Wiesbaden: Westdeutscher Verlag.
Plümper, Thomas (2009), Effizient Schreiben. Leitfaden zum Verfassen von Qualifizierungsarbeiten und wissenschaftlichen Texten, 2., vollst. überarb. und erw. Aufl., München/Wien: Oldenbourg.
Portmann, Paul R. (1993), Zur Pilotfunktion bewußten Lernens, in: Eisenberg, Peter/Klotz, Peter (Hg.), Sprache gebrauchen – Sprachwissen erwerben, Stuttgart u.a.: Klett-Schulbuchverlag, S. 97 – 117.
Pospeschill, Markus (1996), Schreiben mit dem Computer, in: Günther, Hartmut/Ludwig, Otto (Hg.), Schrift und Schriftlichkeit/Writing and its Use (Handbücher zur Sprach- und Kommunikationswissenschaft, Band 10.2), Berlin/New York: de Gruyter, S. 1068 – 1074.
Pospiech, Ulrike/Bünting, Karl-Dieter (2001), Vom Schreibprozess zum Textprodukt. Perspektiven der Vermittlung wissenschaftlichen Schreibens mit Ausblick auf das Schreiben im Deutschen als Fremdsprache, Jahrbuch Deutsch als Fremdsprache 27, S. 379 – 402.
Preißner, Andreas u.a. (2001), Promotionsratgeber, 4., völlig überarb. und erw. Aufl., München/Wien: Oldenbourg.
Presler, Gerd (2002), Referate schreiben, Referate halten. Ein Ratgeber, München: Fink.
Püschel, Ulrich (1994), Schreiben im Studium. Überlegungen zu einer Schreibanleitung für Wissenschaftstexte, in: Skyum-Nielsen, Peder/Schröder, Hartmut (eds.), Rhetoric and Stylistics Today. An International Anthology, Frankfurt am Main u.a.: Peter Lang, S. 127 – 137.
Raith, Werner (1988), Gut Schreiben. Ein Leitfaden, Frankfurt am Main/New York: Campus.
Redman, Peter (2001), Good Essay Writing. A Social Sciences Guide, 2nd Ed., London/Thousand Oaks/New Delhi: Sage.
Reiter, Markus/Sommer, Steffen (2006), Perfekt schreiben, München/Wien: Hanser.

Reitt, Barbara B. (1984/1985), An Academic Author's Checklist, Scholarly Publishing 16, S. 65 – 72.

Richardson, Laurel (2003), Writing. A Method of Inquiry, in: Denzin, Norman K./Lincoln, Yvonna S. (eds.), Collecting and Interpreting Qualitative Materials, 2nd Ed., Thousand Oaks/London/New Delhi: Sage, S. 499 – 541.

Rico, Gabriele L. (2004), Garantiert schreiben lernen. Sprachliche Kreativität methodisch entwickeln. Ein Intensivkurs auf der Grundlage der modernen Gehirnforschung, Reinbek bei Hamburg: Rowohlt.

Rieder, Karl (2002), Wissenschaftliches Arbeiten. Eine Einführung, Wien: öbv & hpt.

Rienecker, Lotte (1999), Research Questions and Academic Argumentation: Teaching Students How to Do it, Using Formats and Model-Examples, in: Kruse, Otto/Jakobs, Eva-Maria/Ruhmann, Gabriela (Hg.), Schlüsselkompetenz Schreiben. Konzepte, Methoden, Projekte für Schreibberatung und Schreibdidaktik an der Hochschule, Neuwied/Krifteln/Berlin: Luchterhand, S. 95 – 108.

Rossig, Wolfram E./Prätsch, Joachim (2005), Wissenschaftliche Arbeiten. Leitfaden für Haus- und Seminararbeiten, Bachelor- und Masterthesis, Diplom- und Magisterarbeiten, Dissertationen, 5., erw. Aufl., Weyhe: Print-Tec.

Rost, Friedrich (2008), Lern- und Arbeitstechniken für das Studium, 5., aktual. und erweit. Aufl., Wiesbaden: VS Verlag für Sozialwissenschaften.

Rudestam, Kjell Erik/Newton, Rae R. (2001), Surviving Your Dissertation. A Comprehensive Guide to Content and Process, 2nd Ed., Thousand Oaks/London/New Delhi: Sage.

Ruhmann, Gabriela (1995), Schreibprobleme – Schreibberatung, in: Bauermann, Jürgen/Weingarten, Rüdiger (Hg.), Schreiben. Prozesse, Prozeduren und Produkte, Opladen: Westdeutscher Verlag, S. 85 – 106.

Ruhmann, Gabriela (1998), Keine Angst vorm leeren Blatt: Hilfe bei Schreibhemmungen, in: Handbuch Studieren. Von der Einschreibung bis zum Examen, hg. Kruse, Otto, Frankfurt am Main/New York: Campus, S. 310 – 320.

Ruhmann, Gabriela (2000), Keine Angst vor dem ganzen Satz. Zur Schreibförderung am Studienbeginn, Deutschunterricht [Berlin] 53, Heft 1, S. 43 – 50.

Salomone, Paul R. (1993/1994), Trade Secrets for Crafting a Conceptual Article, Journal of Counseling & Development 72, S. 73 – 76.

Sauer, Christoph (1995), Ein Minimalmodell zur Verständlichkeitsanalyse und -optimierung, in: Spillner, Bernd (Hg.), Sprache: Verstehen und Verständlichkeit, Frankfurt am Main u.a.: Peter Lang, S. 149 – 171.

Scheibler, Albert (1976), Technik und Methodik des wirtschaftswissenschaftlichen Arbeitens, München: Vahlen.

Schenk, Hans-Otto (2005), Die Examensarbeit. Ein Leitfaden für Wirtschafts- und Sozialwissenschaftler, Göttingen: Vandenhoeck & Ruprecht.

Schenkel, Susan (1996), Mut zum Erfolg! Warum Frauen blockiert sind und was sie dagegen tun können, 8., aktual. und erw. Aufl., Frankfurt am Main/New York: Campus.

Schmale, Wolfgang (Hg.) (2006), Schreib-Guide Geschichte. Schritt für Schritt wissenschaftliches Schreiben lernen, Wien/Köln/Weimar: Böhlau.

Schneider, Wolf (2002), Deutsch fürs Leben. Was die Schule zu lehren vergaß, Reinbek bei Hamburg: Rowohlt.

Schnur, Harald (2005), Zusammenschreiben. Eine Anleitung für die Naturwissenschaften, die Psychologie und die Medizin, Berlin: Lohmann.

Scholz, Dieter (2006), Diplomarbeiten normgerecht verfassen. Schreibtipps zur Gestaltung von Studien-, Diplom- und Doktorarbeiten, 2. Aufl., Würzburg: Vogel.

Seidenspinner, Gundolf (1994), Wissenschaftliches Arbeiten. Techniken, Methoden, Hilfsmittel – Aufbau, Gliederung, Gestaltung – richtiges Zitieren, 9., überarb. Aufl., München/Landsberg a. L.: mvg-Verlag.

Seiwert, Lothar (2004), Das neue 1x1 des Zeitmanagement, 24. Aufl., München: Graefe und Unzer.

Sesink, Werner (2007), Einführung in das wissenschaftlichen Arbeiten. Mit Internet – Textverarbeitung – Präsentation, 7., aktual. Aufl., München/Wien: Oldenbourg.

Simon, Walter (2000), Ziele managen. Ziele planen und formulieren, zielgerichtet denken und handeln, Offenbach: Gabal.

Sommer, Roy (2006), Schreibkompetenzen. Erfolgreich wissenschaftlich schreiben, Stuttgart: Klett.

Stary, Joachim/Kretschmer, Horst (1999), Umgang mit wissenschaftlicher Literatur. Eine Arbeitshilfe für das sozial- und geisteswissenschaftliche Studium, Darmstadt: Wissenschaftliche Buchgesellschaft.

Steets, Angelika (2001), Wie wichtig ist wissenschaftliches Schreiben in der Hochschule? Einschätzungen und Ansichten von Lehrenden, Jahrbuch Deutsch als Fremdsprache 27, S. 209 – 226.

Steinhoff, Thorsten (2003), Wie entwickelt sich die wissenschaftliche Textkompetenz?, Der Deutschunterricht 55, Heft 3, S. 38 – 47.

Stetter, Christian (1992), Zu einer analytischen Philosophie der Schrift, in: Kohrt, Manfred/Wrobel, Arne (Hg.), Schreibprozesse – Schreibprodukte. Festschrift für Gisbert Keseling, Hildesheim/Zürich/New York: Olms, S. 333 – 359.

Stock, Steffen u.a. (Hg.) (2006), Erfolgreich promovieren. Ein Ratgeber von Promovierten für Promovierende, Berlin/Heidelberg: Springer.

Sucharowski, Wolfgang (Hg.) (2002), Schreibgeburten. Ideen zum wissenschaftlichen Schreiben, Rostock: Ingo Koch.

Theisen, Manuel René (2006), ABC des wissenschaftlichen Arbeitens. Erfolgreich in Schule, Studium und Beruf, überarb. Neuaufl., München: dtv.

Töpfer, Armin (2009), Erfolgreich Forschen. Ein Leitfaden für Bachelor-, Master-Studierende und Doktoranden, Berlin/Heidelberg: Springer.

Toulmin, Stephen E. (1958/1996), The Uses of Argument, London: Cambridge University Press (dt. Der Gebrauch von Argumenten, 2. Aufl., Weinheim: Beltz Athenäum).

Torrance, M./Thomas, G. V./Robinson, E. J. (1993), Training in Thesis Writing: An Evaluation of Three Conceptual Orientations, British Journal of Educational Psychology 63, S. 170 – 184.

Tynjälä, Päivi/Mason, Lucia/Lonka, Kirsti (eds.) (2001), Writing as a Learning Tool. Integrating Theory and Practice, Dordrecht/Boston/London: Kluwer.

Ueding, Gert (1996), Rhetorik des Schreibens. Eine Einführung, 4. Aufl., Weinheim: Beltz Athenäum.

Vollmer, Hans-Ulrich (2005), Die Doktorarbeit schreiben. Strukturebenen – Stilmittel – Textentwicklung, 2., überarb. und erw. Aufl., Sternenfels: Verlag Wissenschaft & Praxis.

Wagner, Lothar (2007), Die wissenschaftliche Abschlussarbeit. Ratgeber für effektive Arbeitsweise und inhaltliches Gestalten, Saarbrücken: VDM Verlag Dr. Müller.

Watson, George (1987), Writing a Thesis. A Guide to Long Essays and Dissertations, London/New York: Longman.

Weinrich, Harald (1995), Wissenschaftssprache, Sprachkultur und die Einheit der Wissenschaft, in: Linguistik der Wissenschaftssprache, hg. Heinz L. Kretzenbacher/ders., Berlin/New York: de Gruyter (Akademie der Wissenschaften zu Berlin, Forschungsbericht 10), S. 155 – 174.

Werder, Lutz von (1993), Lehrbuch des wissenschaftlichen Schreibens. Ein Übungsbuch für die Praxis, Berlin-Milow: Schibri-Verlag.

White, Roland V. (1988), Academic Writing: Process and Product, English Language Teaching Documents 129, S. 4 – 16.

Wolfsberger, Judith (2009), Freigeschrieben. Mut, Freiheit & Strategie für wissenschaftliche Abschlussarbeiten, 2. Aufl., Wien/Köln/Weimar: Böhlau.

Ziman, J. M. (1969), Information, Communication, Knowledge, Nature 224, S. 318 – 324.

Danksagung

Diese Anleitung ist selbst mit einer Arbeitstechnik geschrieben worden – wie sollte das auch anders sein? Das Organisieren meines Schreibprozesses entsprach weitgehend dem, was Sie in den vorangegangenen Kapiteln dazu finden.

Eine Reihe von Personen war freundlicherweise bereit, vorläufige Fassungen dieser Anleitung zu kommentieren, das heißt dem Vorhaben und dem Autor Zeit zu schenken. Gerne erinnere ich mich an intensive Gespräche, ausführliche E-Mails und zahlreiche Randnotizen, die ich als große Anregungen und Bereicherungen erlebt habe. Mit den Überarbeitungen konnte ich den Text in vielen Hinsichten verbessern.

Möglich gemacht haben dies (in alphabetischer Reihenfolge): Markus Asper, Jana August, Birte Bogatz, Dominika Gałkiewicz, Rita Gerlach, Georges Hartmeier, Jana Hoffmann, Miriam Hohfeld, Christoph Schmälzle und Jan Weber. In der Konzeptionsphase dieser Anleitung gaben Anke Assig und Sven-Oliver Lohmann wichtige Impulse.

Dankeschön!

Journalismus

Beatrice Dernbach
Die Vielfalt des Fachjournalismus
Ein wissenschaftlich-praktisches Handbuch
2010. ca. 280 S. Br. ca. EUR 22,90
ISBN 978-3-531-15158-8

Susanne Fengler /
Sonja Kretzschmar (Hrsg.)
Innovationen für den Journalismus
2009. 165 S. (Kompaktwissen Journalismus) Br. EUR 19,90
ISBN 978-3-531-15450-3

Jürgen Friedrichs / Ulrich Schwinges
Das journalistische Interview
3., überarb. Aufl. 2009. 341 S.
Br. EUR 29,90
ISBN 978-3-531-16701-5

Hans J. Kleinsteuber
Radio
Eine Einführung
2010. ca. 280 S. Br. ca. EUR 22,90
ISBN 978-3-531-15326-1

Josef Kurz / Daniel Müller / Joachim Pötschke / Horst Pöttker / Martin Gehr
Stilistik für Journalisten
2., überarb. Aufl. 2010. ca. 480 S.
Br. ca. EUR 34,90
ISBN 978-3-531-33434-9

Christoph Moss (Hrsg.)
Die Sprache der Wirtschaft
2009. 202 S. Br. EUR 24,90
ISBN 978-3-531-16004-7

Christoph Neuberger / Christian Nuernbergk / Melanie Rischke (Hrsg.)
Journalismus im Internet
Profession - Partizipation - Technisierung
2009. 354 S. Br. EUR 29,90
ISBN 978-3-531-15767-2

Erhältlich im Buchhandel oder beim Verlag.
Änderungen vorbehalten. Stand: Juli 2009.

www.vs-verlag.de

Abraham-Lincoln-Straße 46
65189 Wiesbaden
Tel. 0611.7878-722
Fax 0611.7878-400

Cultural Studies

Andreas Hepp / Friedrich Krotz /
Tanja Thomas (Hrsg.)
**Schlüsselwerke der
Cultural Studies**
2009. 338 S. (Medien - Kultur -
Kommunikation) Geb. EUR 34,90
ISBN 978-3-531-15221-9

Andreas Hepp / Veronika Krönert
Medien – Event – Religion
Die Mediatisierung des Religiösen
2009. 296 S. (Medien - Kultur -
Kommunikation) Br. EUR 29,90
ISBN 978-3-531-15544-9

Uwe Hunger / Kathrin Kissau (Hrsg.)
Internet und Migration
Theoretische Zugänge und empirische
Befunde
2009. 342 S. (Medien - Kultur - Kommu-
nikation) Br. EUR 29,90
ISBN 978-3-531-16857-9

Jutta Röser / Tanja Thomas /
Corinna Peil (Hrsg.)
**Alltag in den Medien –
Medien im Alltag**
2010. ca. 270 S. (Medien - Kultur -
Kommunikation) Br. ca. EUR 24,90
ISBN 978-3-531-15916-4

Paddy Scannell
Medien und Kommunikation
2010. 400 S. (Medien - Kultur -
Kommunikation) Br. ca. EUR 29,90
ISBN 978-3-531-16594-3

Martina Thiele / Tanja Thomas /
Fabian Virchow (Hrsg.)
Medien – Krieg – Geschlecht
Affirmationen und Irritationen
sozialer Ordnungen
2010. ca. 330 S. (Medien - Kultur -
Kommunikation) Br. ca. EUR 29,90
ISBN 978-3-531-16730-5

Erhältlich im Buchhandel oder beim Verlag.
Änderungen vorbehalten. Stand: Juli 2009.

www.vs-verlag.de

VS VERLAG FÜR SOZIALWISSENSCHAFTEN

Abraham-Lincoln-Straße 46
65189 Wiesbaden
Tel. 0611.7878-722
Fax 0611.7878-400